쉽게 만들어 입는 옷

매일 입고 싶은 내추럴한 옷

"FU-KO basics. MAINICHI KITAI, TEZUKURI FUKO" by Mayumi Minowa(NV80465)
Copyright ⓒ Mayumi Minowa/ NIHON VOGUE-SHA 2015
All rights reserved.
First published in Japan in 2015 by Nihon Vogue Corp.
photographer : Yukari Shirai

This Korean edition is published by arrangement with Nihon Vogue Corp., Tokyo
in care of Tuttle-Mori Agency, Inc., Tokyo through Botong Agency, Seoul

이 책의 한국어판 저작원은 Botong Agency를 통한 저작권자와의 독점 계약으로 즐거운상상이 소유합니다.
신 저작권법에 의하여 한국 내에서 보호를 받는 저작물이므로 무단전재와 무단복제를 금합니다.

매일 입고 싶은 내추럴한 옷

1판 1쇄 발행 2017년 9월 1일
1판 2쇄 발행 2018년 6월 5일

지은이 _ FU-KO basics. 미노와 마유미
옮긴이 _ 남궁가윤
펴낸이 _ 정원정, 김자영
편집 _ 홍현숙
디자인 _ 김민정

펴낸곳 _ 즐거운상상
주소 _ 서울시 종로구 옥인 3길 6-4(상하그린빌 101호)
전화 _ 02-706-9452 팩스 _ 02-706-9458
전자우편 _ happywitches@naver.com
페이스북 _ @happydreampub
출판등록 _ 2001년 5월 7일
인쇄 _ 천일문화사

ISBN 979-11-5536-066-8 (13630)

* 이 책의 모든 글과 그림, 사진, 디자인을 무단으로 복사, 복제, 전재하는 것은 저작권법에 위배됩니다.
* 잘못 만들어진 책은 서점에서 교환하여 드립니다.
* 책값은 뒤표지에 있습니다.

쉽 게 만 들 어 입 는 옷

매일 입고 싶은 내추럴한 옷

즐거운상상

contents

A라인 베이직 원피스

P. 6

How To Make P.46

드롭 포켓 내추럴 원피스

P. 8

How To Make P.48

아이용

어깨 주름 민소매 원피스

P. 10

How To Make P.50

올리브그린 리넨 스커트

P. 12

How To Make P.55

돌먼 티셔츠

P. 14

How To Make P.62

히든 버튼 블라우스

P. 16

How To Make P.64

릴랙스 원피스와 레깅스

P. 18

How To Make P.66 원피스
P.59 레깅스

아이용

맥시스커트_어른용
미디스커트_아이용

P. 20

How To Make P.68

아이용

하늘색 리넨 풀오버

P. 22

How To Make P.71

아이용

보트넥 티셔츠

P. 24

How To Make P. 74

오픈칼라 원피스

P. 26

How To Make P. 40

접박기 프렌치 블라우스
접박기 바지

P. 28

How To Make P. 76 블라우스
P. 78 바지

오픈칼라 민소매 원피스

P. 30

How To Make P. 40

멋스런 리넨 조끼
화이트 배기 바지

P. 32

How To Make P. 81 조끼
P. 83 바지

러블리 주름 블라우스

P. 34

How To Make P. 53

스트라이프 모직 풀오버

P. 35

How To Make P. 71

베이직 데님 스커트

P. 36

How To Make P. 55

더없이 편한 배기 바지

P. 37

How To Make P. 83

매일이 즐거워지는, 생활 속의 옷 단들기 　　P. 38
LESSON | 오픈칼라 원피스 만들기 　　　　P. 40
HOW TO MAKE 　　　　　　　　　　　　　P. 43
실물 크기 옷본 　　　　　　　　　　　　　별첨

※ 성긴 모델은 키 162cm에 M사이즈를 착용했습니다.
　 어린이 모델 여자아이는 키 114cm에 110사이즈를
　 남자아이는 키 75cm에 80사이즈를 착용했습니다.

※ 이 책에 게재된 작품 및 복제 작품을 판매하는 것을 금지합니다.
　 개인적으로 만드는 용도로만 이용해주세요.

{ A라인 베이직 원피스 }

이보다 더 심플할 수 있을까 싶은 A라인 원피스예요.
자세히 보면 진동둘레를 단순하게 하고, 목둘레의 트임은 알맞게,
소매 길이는 팔이 가늘어 보이는 7부 길이로 하는 등 세심하게 디자인했답니다.
가장 기본이 되는 디자인으로 옷감의 종류와 무늬에 따라
외출복으로, 일상복으로 두루 활용하기 좋답니다.

HOW TO MAKE P. 46
실물 크기 옷본 1면 [1]

{ 드롭 포켓 내추럴 원피스 }

몸판 옆선에서부터 주머니까지 이어서 박기 때문에
만들기도 쉽고 개성 있는 코쿤* 실루엣 원피스랍니다.
힘 있는 옷감으로 만들면 주머니 모양이 한층 두드러집니다.
전체적으로 넉넉한 루즈핏 디자인이라서
체형 구애 없이 멋스럽게 입기 좋아요.

*코쿤 : 누에고치 모양의 둥근 실루엣

HOW TO MAKE P. 48
실물 크기 옷본 2면 [7]

{ 어깨 주름 민소매 원피스 }

주름을 풍성하게 잡은 스탠드칼라 원피스입니다.
칼라 안쪽은 손바느질로 감쳐 주었어요.
손은 좀 가지만 한 땀 한 땀 감치면 촉감이 더 좋아져서
더욱 마음에 드는 옷을 완성할 수 있어요.

HOW TO MAKE P. 50
실물 크기 옷본 3면 [12] (어른용)
실물 크기 옷본 2면 [8] (아이용)

앞 단추를 열어서 조끼처럼 걸쳐도 좋고, 가는 허리끈으로 묶어 몸에 딱 맞게
입는 것도 좋답니다.

{ 올리브그린 리넨 스커트 }

살짝 타이트한 실루엣으로 다리가 길어 보이고 하반신이 날씬하게 보인답니다.
단정한 느낌이 드는 기본형 스커트지만 뒤판에 트임을 넣어서 편하게 입을 수 있어요.
조금 도톰하고 힘 있는 옷감으로 만드는 것이 좋습니다.

HOW TO MAKE P. 55
실물 크기 옷본 4면 [16]

{ 돌먼 티셔츠 }

낙낙한 돌먼 소매와 밑단의 곡선이 부드러운 인상을 주는 티셔츠예요.
티셔츠 하나면 시원하고 경쾌하게 여름을 날 수 있어요.
니트 옷감을 바이어스로 사용하여 신축성도 좋고 개성적인 무늬가 돋보여요.
시원한 목선과 가오리 핏 소매라인으로 누구라도 편하게 코디할 수 있답니다.

HOW TO MAKE P. 62
실물 크기 옷본 1면 [2]

{ 히든 버튼 블라우스 }

앞판의 덮임 부분을 두 겹으로 하여 히든 버튼 스타일로 만들었어요.
소맷부리는 커프스 모양으로 마무리해 완성도를 높였어요.
경쾌한 느낌의 블라우스로 또렷한 줄무늬 옷감이나
선명한 원색 계열의 색상으로 만들어서 즐겨 보세요.

HOW TO MAKE P. 64
실물 크기 옷본 3면 [14]

{ 릴랙스 원피스와 레깅스 }

니트 옷감으로 허리 고무줄을 넣고 어깨선을 흘러내리게 디자인한, 더없이 편한 원피스입니다.
느긋하게 지내고 싶은 날이나 가벼운 외출에 입기 좋은 원피스예요.
치맛단은 뒤판을 조금 더 길게 하고,
허리에 고무줄을 넣어서 적당히 몸에 붙도록 했어요.
레깅스는 바지 앞뒤판이 이어져 있어서 짧은 시간에 간단히 만들 수 있답니다.

HOW TO MAKE P. 66(원피스) , P. 59(레깅스)
실물 크기 옷본 4면 [17](원피스)
실물 크기 옷본 1면 [3](레깅스)

{ 맥시스커트 _어른용 }
{ 미디스커트 _아이용 }

직선으로 재단하여 허리 주름을 풍성하게 넣은 맥시 스커트입니다.
주름이 많아서, 몸에 휘감기지 않고 입었을 때 실루엣이 이쁘게 살아납니다.
어른용은 복사뼈까지 오는 길이로,
아이용은 활동하기 편하게 무릎 아래까지 오는 길이로 만들었어요.

HOW TO MAKE P. 68
실물 크기 옷본 1면 [A](어른용)
실물 크기 옷본 3면 [a](아이용)
※ 주머니만 공통

{ 하늘색 리넨 풀오버 }

몸판을 직선으로 재단하여 풍성한 실루엣으로 만들었어요.
옆으로 흘러내리는 어깨선과 진동둘레를 넉넉하게 둔
디자인이라 입으면 정말 편안하답니다.
아이용은 입기 쉽도록 뒤트임으로 디자인했어요.

HOW TO MAKE P. 71
실물 크기 옷본 2면 [9](어른용)
실물 크기 옷본 2면 [10](아이용)

{ 보트넥 티셔츠 }

줄무늬 티셔츠는 유행을 타지 않는 옷이니만큼 조금 더 신경 써서 만들었어요.
어깨의 절개선을 내리고, 몸판 길이는 살짝 뒤판이 더 길게 하는 등
입기 편하고 귀여워 보이게 디자인 했거요.

HOW TO MAKE P. **74**
실물 크기 옷본 2면 [11]

{ 으픈칼라 원피스 }

목선에 큼직한 트임을 넣어서 겉으로 접어 입으면 옷깃처럼 보여요.
높은 허리선에 접박기 주름을 넣은 귀여운 분위기의 원피스입니다.
전체적으로 여유있는 핏이라 체형에 관계없이 입을 수 있어요.
아이는 조금 어른스럽게, 어른은 거구로 귀여워 보이게 해 주는 옷이에요.

HOW TO MAKE P. 40 (사진으로 과정 설명)
실물 크기 옷본 1면 [4], [A](어른용)
실물 크기 옷본 3면 [15], [a](아이용)

{ 접박기 프렌치 블라우스 }
{ 접박기 리넨 바지 }

몸판 폭을 넉넉하게 하고 목둘레에 접박기를 하여
편안하면서도 날씬하게 보이는 블라우스입니다.
풍성한 실루엣이라 봄여름에 아주 잘 어울려요.
바지는 리넨 소재의 고무줄 허리라서 편하면서도
바짓단을 접어 완성도를 높였어요.
바지는 절개선을 이용한 뒷주머니가 포인트랍니다.
마무리 단계에서 바지통 가운데에 칼주름을 잡아 주세요

HOW TO MAKE P. 76(블라우스), P. 78(바지)
실물 크기 옷본 4면 [18](블라우스)
실물 크기 옷본 4면 [19](바지)

{ 오픈칼라 민소매 원피스 }

P.26와 같은 디자인의 원피스로, 민소매 스타일로 변형했어요.
소매를 따로 달지 않아도 어깨가 자연스럽게 내려오는 디자인이라서
프렌치 소매처럼 입을 수 있습니다.
품이 넉넉해 가을이나 겨울에는 안에 다른 옷에 받쳐 입는 식으로
일 년 내내 활용할 수 있는 매력 만점의 아이템이에요.

HOW TO MAKE P. 40 (사진으로 과정 설명)
실물 크기 옷본 1면 [5], [A]

{ 멋스런 리넨 조끼 }
{ 화이트 배기 바지 }

직사각형 옷감을 이어서 멋진 조끼를 만들었어요.
티셔츠 위에 걸치면 자연스러운 세로 라인이 생겨서
날씬해 보이는 효과도 난답니다.
멋스런 컬러의 리넨으로 여름이나 간절기의
심플한 옷에 코디하기 좋아요.
조끼로, 숄이나 머플러로도 활용할 수 있는
패션 아이템입니다.
배기 바지는 엉덩이둘레가 넉넉하고
바짓단으로 갈수록 좁아지는 실루엣이에요.
아주 편한 옷으로 만드는 법도 간단하지요.

HOW TO MAKE P. 81(조끼), P.83(바지)
실물 크기 옷본 1면 [6](바지)

조끼 활용 팁

조끼처럼 걸치는 이외에도 숄처럼 목에 감거나 팔을 끼우는 구멍에 조끼 한쪽을 끼워서 고정하는 등 다양하게 입을 수 있어요. 겨울에는 모 저지나 자카드 니트로 만들면 좋답니다.

{ 러블리 주름 블라우스 }

P.10의 원피스에 소매를 달았어요.
8부 소매라 어느 계절에나 입을 수 있어요.
풍성한 주름으로 사랑스러움을 더한 블라우스입니다.
고급스럽고 시원한 리넨 소재로 만들어서 편하면서도 세련된 느낌입니다.
몸판을 원피스 길이로 하고 소매를 달아 변형해도 좋아요.

HOW TO MAKE P. 53
실물 크기 옷본 3면 [13]

{ 스트라이프 모직 풀오버 }

P.22의 하늘색 리넨 풀오버를 모직 옷감으로 만들었어요.
품이 넉넉해서 겨울철에 레이어드하기 딱 좋아요.
소매도 살짝 8부 느낌에 밑단 양옆에 슬릿을 더해
캐주얼한 느낌을 더했어요.

HOW TO MAKE P. 71
실물 크기 옷본 2면 [9]

{ 베이직 데님 스커트 }

P.12의 올리브그린 리넨 스커트를 데님으로 만들어 봤어요.
스티치에 데님 스티치용 재봉실을 사용하여
캐주얼한 분위기를 살렸어요.
데님 스커트는 기본 아이템으로, 한여름을 제외한
어느 계절 어떤 옷차림에도 잘 어울려요.

HOW TO MAKE P. 55
실물 크기 옷본 4면 [16]

{ 더없이 편한 배기 바지 }

P.32의 화이트 배기바지를 두꺼운 옷감으로 만들면 겨울에 입기 편하고 따뜻한 바지가 됩니다.
옆주머니는 옆선에 달기만 하면 되니까 만들기도 아주 쉬워요.

HOW TO MAKE P. 83
실물 크기 옷본 1면 [6]

{ 매일이 즐거워지는, 생활 속의 옷 만들기 }

중요한 것은 균형

지금껏 옷을 만들며 중심에 두는 포인트는 '자신다운 균형으로 입는 것'이지요. 예전부터 변함없는 제 옷 고르기 기준입니다.
10대 때 제 취미는 윈도쇼핑이었어요. 돈은 없지만 다양한 옷을 구경하며 어떻게 조합하면 어울릴지 생각하는 것을 좋아했지요.
이를 참고하여 여러 옷을 변형해 보고 제게 어울리도록 리폼하는 것이 무척 즐거웠어요.
길이를 줄이거나 단추를 바꿔 달거나 때로는 염색을 해 보기도 했고요. 대학 시절에는 일본 전통 방한복 한텐을 고쳐 만든
아우터를 입은 적도 있습니다. 지금 생각하면 민망해서 웃음이 나오지만 그렇게 제 나름대로 멋내기를 즐겼답니다.

이상적인 한 벌을 찾아서

20대가 되어 일을 시작하자 마음에 드는 옷을 좋아하는 만큼 살 수 있어 기뻤어요. 그러다 누군가에게 들은 말이 있습니다.
"넌 언제나 줄무늬 옷만 사는구나."
문득 깨닫고 보니, 옷장에는 비슷비슷한 옷이 가득했어요. 나름대로는 꼼꼼히 골랐다고 생각했지만, 치수가 조금 안 맞는다든가 질감이 생각과 다르다든가 색이 미묘하게 마음에 안 들어 어느새 입지 않게 된 옷들.
비슷한 옷을 계속 샀다는 사실에 놀랍기도 했고, 옷장에 처박아 둔 옷에게 어찌나 미안했는지요. 그 후로 안 입는 옷은 친구에게 주거나 과감하게 처분했습니다. 정말 마음에 드는 옷만 남기고 저만의 '이상적인 한 벌'을 찾는 나날이 시작되었답니다.

제가 가진 옷을 코디네이트해 봅니다. 이렇게 하면 옷을 입었을 때보다 균형을 맞출 수 있고 사진을 찍어 두면, 새 옷을 만들 때나 살 때에도 도움이 되고요.

유행을 타지 않고 단순하며 만듦새가 고급스러운 옷이 가장 좋답니다. 오래 입을 수 있어서 그만큼 애착이 커진다는 것을 깨달았지요.

어른이 입고 싶어지는 아이 옷

20대 중반에 결혼을 하면서 30대에는 아이를 키우는 생활이 시작되었습니다. 저의 멋내기 감각은 더욱 '실용적이고 단순'하게 변화했습니다. 어른 옷을 본격적으로 만들게 된 것은 큰딸의 옷을 만들기 시작한 후였어요. '단순하면서도 아이의 귀여움을 살리는 옷'을 콘셉트로 아이 옷을 만들기 시작했는데, "아이 옷과 세트로 된 어른 옷은 없나요?", " 이런 아이 옷은 어른이지만 입어 보고 싶네요."라는 많은 고객의 소리를 들은 것이 계기였답니다. 젊을 때에는 나를 장식하는 것이 옷의 목적이었지만, 서른이 넘은 뒤에는 '질이 좋고 오래 입을 수 있는 옷, 일상생활에 녹아드는 옷' 즉, 옷을 고쳐서라도 계속 입고 싶다는 생각이 드는, 기본적이고 정말 제게 잘 어울리는 한 벌…… 그런 식으로 변했습니다.

'좋은 것'을 일상으로

제가 만드는 옷은 아주 단순합니다. 어떤 소품과 함께 코디네이트하느냐에 따라서 사계절 입을 수 있고 그래서 더 오래 입을 수 있으니까요. 그 대신 옷감은 만든 사람이 심혈을 기울인 좋은 것(고급품)으로 고릅니다. 물론 쉽게 구할 수 있는 옷감이 기본입니다. 디자인을 고심하여 내 마음에 든 옷감으로 꼼꼼하게 바느질하여 입는 기쁨. 만족할 만한 옷이 완성되면 어떤 기성복도 거기에 미치지 못한답니다. 일상복으로 자주 입으니 물론 더러움이 타지요. 하지만 세탁을 마치면 내일도 또 입고 싶어집니다. 그런 좋은 옷이 있어 매일이 즐거워지죠. 바쁜 하루하루도 조금 더 공들여 살자는 생각이 드니 참 신기해요.

우리집은 지은 지 90년 된 전통 가옥입니다. 여기에 시간을 들여 고른 소소한 '좋은 것'을 조금씩 갖췄어요. 시간이 흘러 깊어진다는 점이 마음에 듭니다.

'시마쓰(始末)'하는 마음

교토에는 '시마쓰'라는 단어가 있습니다. '물건을 끝까지 다 쓴다'는 뜻이에요.
손수 옷을 만들 때 아쉬운 점 딱 한 가지는 옷본에 따라 옷감이 많이 남을 때입니다. 하지만 남은 옷감으로 또 다른 것을 만들며 '시마쓰'한답니다. 치마를 마른 뒤에 남은 자투리 옷감으로는 장바구니를 만들어요. 바이어스감을 마르고 남은 세모난 옷감은 아이 스카프로 쓰고요. 목둘레에서 남은 둥근 자투리는 주방 장갑을 만들기에 안성맞춤이지요. 모두 질 좋은 리넨이나 면이라서 주방과 집안 곳곳에서 톡톡히 자기 몫을 하고 있답니다.

목둘레 곡선을 살려서 주방 장갑을 만들었어요.

네모나게 남은 자투리 옷감

장바구니로 만들었습니다.

바구니 속깔개로도 쓰고

외출할 때도 들고 나가죠

도시락 주머니로도 좋아요

부엌에서 대활약

※전통 장바구니와 주방 장갑 만드는 법은 P.60에 있습니다.

LESSON | 오픈칼라 원피스 만들기

photo P.26, P.30

※ 재료, 옷감을 마름질하는 법, 완성 치수는 P.61에 실려 있습니다.
※ 여기에서는 알아보기 쉬운 색깔의 옷감과 실을 사용했습니다.

어른용 실물 크기 옷본 1면 [4], [A]
       실물 크기 옷본 1면 [5], [A](민소매)
아이용 실물 크기 옷본 3면 [15], [a]

1 몸판과 안단을 박는다.

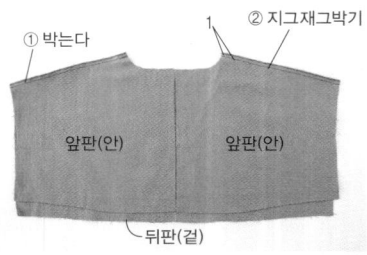
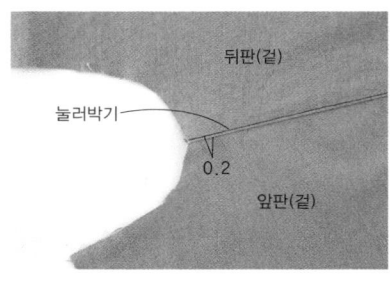
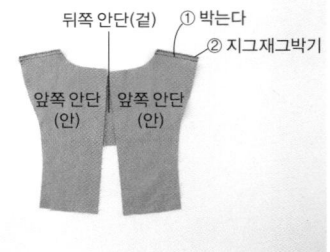

1 앞판과 뒤판을 겉끼리 맞대고 어깨선을 시접 1cm로 박는다. 시접은 2장을 같이 지그재그로 박는다.

2 몸판 시접을 뒤판 쪽으로 넘기고 겉쪽에서 눌러 박는다.

3 안단도 마찬가지로 앞쪽 안단과 뒤쪽 안단을 겉끼리 맞대고 어깨선을 시접 1cm로 박는다. 시접은 2장을 같이 지그재그로 박고 앞판 쪽으로 넘긴다.

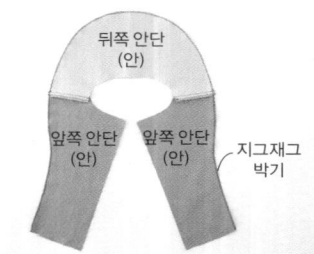
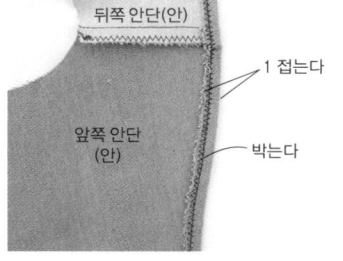
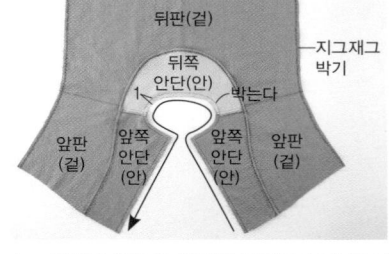

4 안단 가장자리를 지그재그로 박는다.

5 시접을 완성선에서 접어서 박는다. 곡선 부분이 주름지지 않도록 다리미로 꼼꼼하게 눌러 두는 것이 좋다.

6 몸판과 안단을 겉끼리 맞대고 앞판 끝선~목둘레선~앞판 끝선을 이어서 박는다. 양 옆선을 지그재그로 박는다.

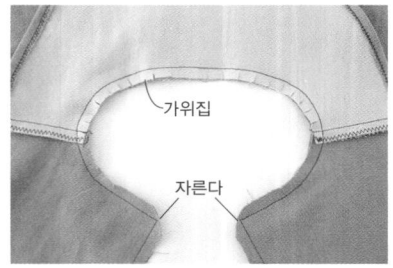
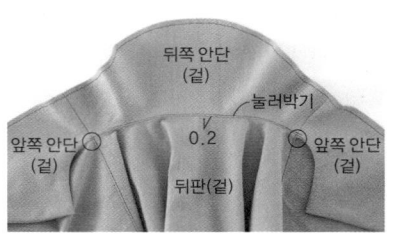
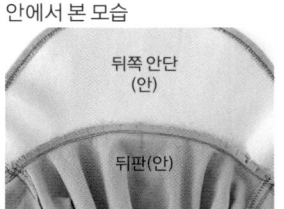

7 앞판 끝선의 양 모서리 시접에서 남는 부분을 자르고 목둘레선 시접에 가위집을 넣는다.

8 안단을 겉으로 뒤집는다. 시접을 뒤쪽 안단 쪽으로 넘기고, 좌우 안단에 조금만 걸리도록 하며 뒤쪽 안단만 눌러 박는다.

② 소매를 단다. ※민소매는 P.42 참조

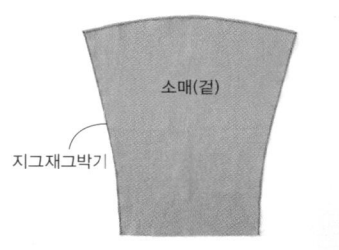
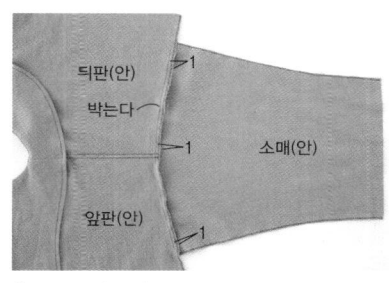
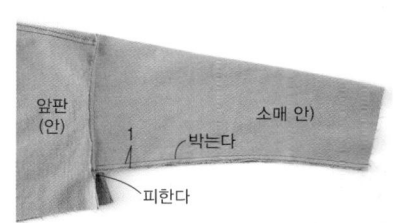

1 소맷부리 이외의 시접을 지그재그로 박는다.

2 몸판과 소매를 겉끼리 맞대고 시접 1cm로 진동둘레의 표시~표시를 박는다. 시접은 몸판 쪽으로 넘긴다.

3 소매를 겉끼리 맞닿게 접어서 소매 옆선을 시접 1cm로 표시까지 박는다. 밑단의 옆선 시접은 피한다.

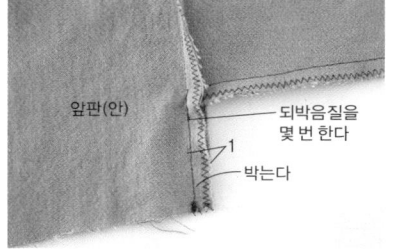
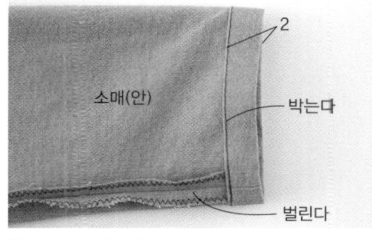
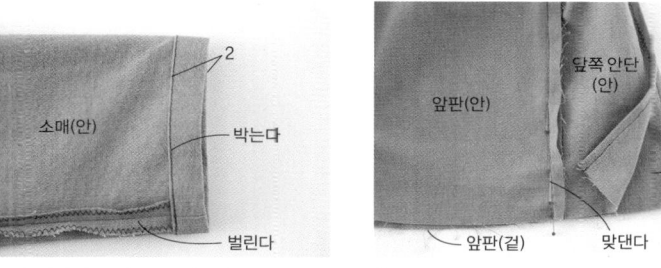

4 진동둘레 시접을 소매 쪽으로 넘긴다. 앞판과 뒤판을 겉끼리 맞대고 옆선을 시접 1cm로 진동 위치에서부터 아래쪽 끝까지 박는다.

5 소매 옆선과 몸판 옆선 시접을 벌리고, 소맷부리를 1cm→2cm로 2번 접어서 박는다.

③ 몸판 트임을 박는다.

1 앞판 중심선을 겉끼리 맞댄다. 시접은 피한다.

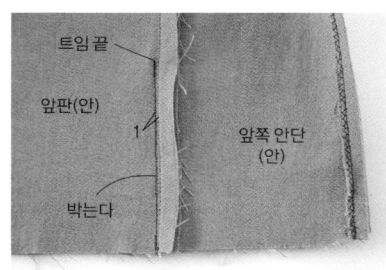

2 앞판과 앞쪽 안단을 이은 선에서 앞판 쪽으로 0.1cm 들어간 지점을 트임 끝까지 박고 안단을 겉으로 뒤집는다.

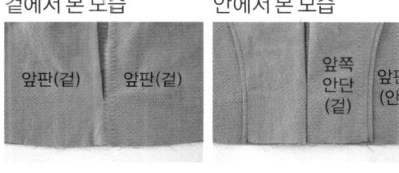

④ 치마를 박는다

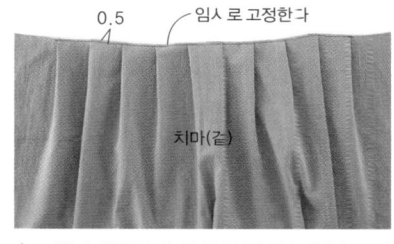

1 치마 앞뒤판에 주름을 접어서 임시로 고정한다.

⑤ 주머니를 단다.

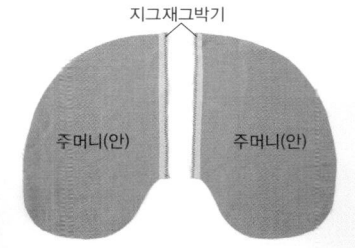
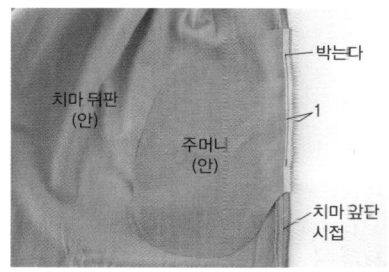

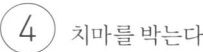

2 치마 앞뒤판의 양 옆선 시접을 각각 지그재그로 박고, 겉끼리 맞대어 양 옆선을 시접 1cm로 박는다. 이때 주머니 입구는 남기고 박는다. 시접은 벌린다.

1 주머니 입구에 늘어남 방지 테이프를 붙이고 시접을 지그재그로 박는다.

2 치마 앞판의 주머니 입구와 주머니의 주머니 입구를 완성선에서 맞대어 박는다

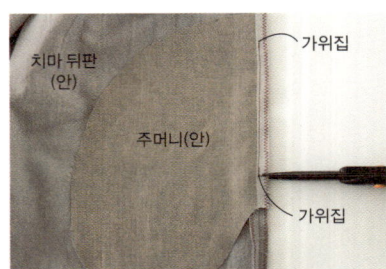
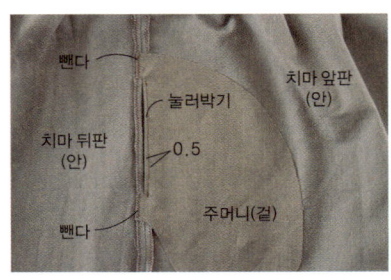

3 주머니 시접에 주머니 입구의 위아래에 가위집을 넣는다. 치마 시접까지 자르지 않도록 주의한다.

4 주머니를 치마 앞판 쪽으로 넘기고 주머니 입구를 눌러 박는다. 가위집을 넣은 시접은 치마 뒤판 쪽으로 빼 둔다.

5 먼저 단 주머니와 겉끼리 맞닿도록 하면서 다른 주머니 한 장의 주머니 입구 완성선을 치마 뒤판의 주머니 입구 완성선과 겹친다.

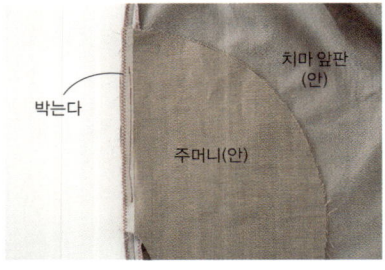
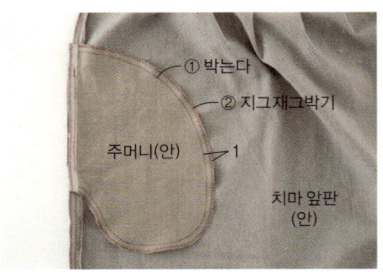
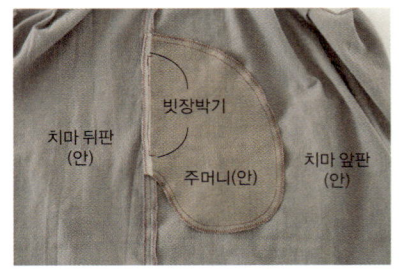

6 주머니 입구의 완성선에서 박는다.

7 주머니 둘레를 시접 1cm로 박는다. 시접은 2장 함께 지그재그로 박는다.

8 주머니를 치마 앞판 쪽으로 넘기고 주머니 입구의 위아래에 빗장박기(P.45 참조)를 한다. 반대쪽도 같은 방법으로 주머니를 단다.

⑥ 몸판과 치마를 잇는다.

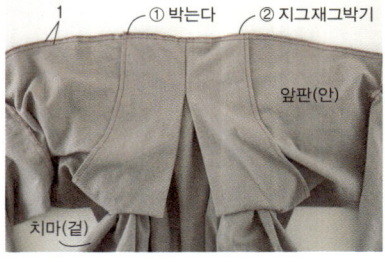
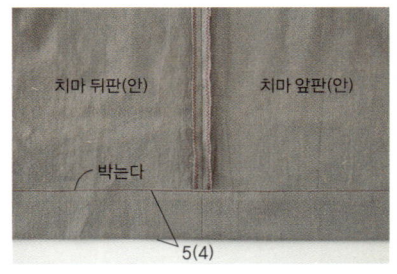
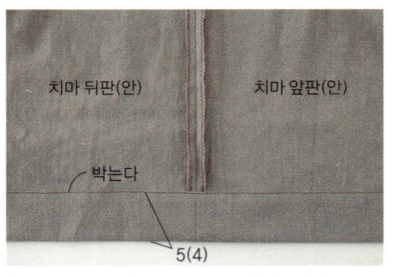
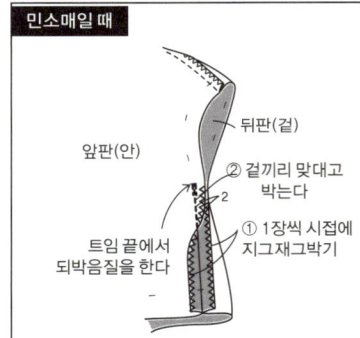

민소매일 때

1 몸판과 치마를 겉끼리 맞대고 시접 1cm로 박는다. 시접은 2장 함께 지그재그로 박는다.

2 치마 밑단을 1cm→5cm(아이용은 1cm→4cm)로 2번 접어서 박는다.

1 앞판과 뒤판의 옆선 시접을 트임 끝까지 처리하고, 겉끼리 맞대어 옆선을 박는다.

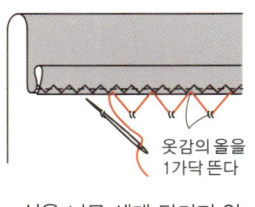

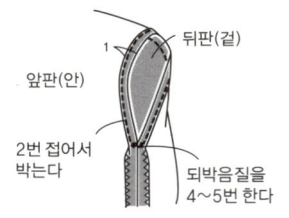

❖ 공그르기 하는 법

3 뒤쪽 안단을 뒤판에 공그르기로 고정한다.

실을 너무 세게 당기지 않도록 주의한다.

2 진동둘레 시접을 1cm→1cm로 2번 접어서 박는다.

How To Make

* 이 책으로 어른용 S~LL사이즈, 아이용 80~140사이즈의 옷을 만들 수 있습니다. 각 사이즈의 참고, 신체 사이즈는 아래 표를 참조하세요. 아울러 각 작품의 만드는 법 페이지에 있는 완성 사이즈도 같이 참조하세요.
* 각 작품의 옷감 마름질하는 법은 어른용 M사이즈, 아이용 110사이즈 기준입니다. 사이즈나 사용하는 옷감에 따라서 배치나 옷감 필요량이 달라질 수가 있으니 꼭 확인하세요.
* 재료의 옷감 필요량은 폭×길이 순으로 표기했습니다.
* 특별히 지정하지 않았을 때의 단위는 cm입니다.
* 직선만으로 된 부분에는 실물 크기 옷본이 없습니다. 옷감 마름질하는 법에 있는 치수를 참조하여 옷감에 직접 선을 그려서 재단하세요.
* 바이어스나 고무줄은 기준 사용량입니다. 치수에 맞춰서 조절하세요.

{ 사이즈 치수표 }

어른용

	S	M	L	LL
키	153~160		160~165	
가슴둘레	79	83	87	91
허리둘레	63	67	71	75
엉덩이둘레	86	90	94	98

아이용

	80	90	100	110	120	130	140
키	75~85	85~95	95~105	105~115	115~125	125~135	135~145
가슴둘레	50	52	54	56	60	64	68
허리둘레	44	46	48	50	52	54	56
엉덩이둘레	50	53	57	60	65	70	75

{ 옷 만들기를 시작하기 전에 }

① 옷감

옷감은 만드는 법의 재료를 참조하여 작품에 맞는 옷감을 준비합니다. 만드는 법에는 작품에 알맞은 옷감도 실려 있으니 참고하세요.
막 사 온 옷감은 올이 비뚤어져 있거나 세탁하면 줄어들 때도 있으니 재단하기 전에 '선세탁'과 '올 바로잡기'를 합니다.
단 특수 옷감일 때에는 구입처에 확인하세요.

선세탁

물을 충분히 받아서 병풍 모양으로 접은 옷감을 한 시간 정도 담급니다. 꺼내서 살짝 물기를 짜고 올을 정리한 뒤에 그늘에서 반쯤 마를 때까지 말립니다. 니트 옷감을 사용할 때에는 탈수는 손으로 살짝 누르는 정도로 하여 물기를 빼고 평평한 곳에 눕혀서 말리세요.

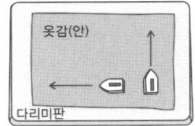

올 바로잡기

옷감의 올이 직각이 되도록 정리한 뒤에 올 방향을 따라 다림질을 합니다. 니트 옷감을 사용할 때에는 늘어나지 않게 주의하며 다리세요.

② 옷본

- 실물 크기 옷본에는 실려 있는 작품의 선이 겹쳐서 인쇄되어 있습니다. 만드는 법에서 필요한 부분을 확인하고, 패턴지나 트레이싱페이퍼 등 비치는 종이에 옷본을 옮겨 그려서 사용하세요.
- 실물 크기 옷본에는 시접이 포함되지 않았습니다. 옷감 마름질하는 법을 참조하여 정해진 시접을 두세요.
- 직선으로 이루어진 부분은 옷본이 실려 있지 않습니다. 마름질하는 법에 있는 치수를 참조하여 옷감에 직접 선을 그린 후 마름질합니다.

옷본 기호

식서 방향선
옷감의 식서와 평행인 식서 방향(옷감의 세로 방향)에 맞춘다.

골선
이 선을 옷감의 접음선에 대서 해당 부분을 좌우대칭으로 만든다.

안단선
안단 위치와 모양을 표시하는 선.

맞춤 표시
서로 떨어진 부분을 맞추기 위한 표시.

주름
주름을 잡아서 줄이는 부분.

접박기
사선의 높은 쪽에서 낮은 쪽을 향해 옷감을 접는다.

③ 옷감과 바늘, 실의 관계

옷을 깔끔하게 완성하기 위해 옷감에 맞는 바늘과 실을 사용합니다.

옷감 종류	얇은 옷감 (론, 보일 등)	보통 옷감 (덩거리, 리넨, 트윌)	두꺼운 옷감 (데님, 모 등)
바늘	9호 재봉틀 바늘	11호 재봉틀 바늘	13호 재봉틀 바늘
실	90번 재봉실	60번 재봉실	30번 재봉실

니트 재봉

신축성 있는 니트 옷감에는 실이 끊어지지 않도록 니트 전용 나일론제 실과 끝이 뭉툭한 니트 전용 바늘을 사용합니다.

 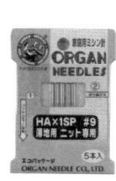 

④ 옷본 만드는 법

옷본을 옮겨 그린다

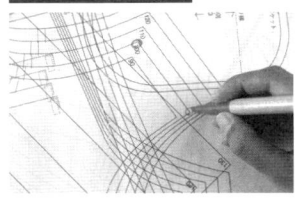 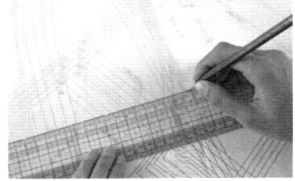 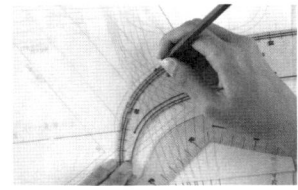 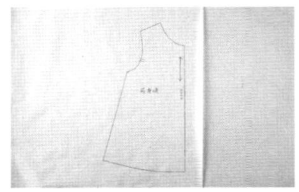

① 실물 크기 옷본에서 만들고 싶은 옷본을 찾아서 모서리 등의 포인트에 눈에 띄는 색으로 표시한다.

② 옷본 위에 패턴지 등 비치는 종이를 겹치고, 자를 사용하여 선을 옮겨 그린다.

③ 곡선은 곡선자를 이용하면 편리하다.

④ 각 부분의 이름과 식서 방향, 닿춤 표시 등 기호도 잊지 말고 옮겨 적는다.

시접을 그린다

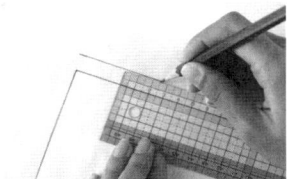 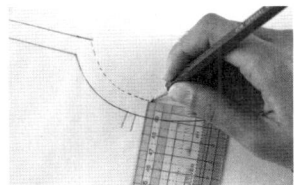 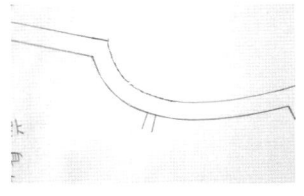 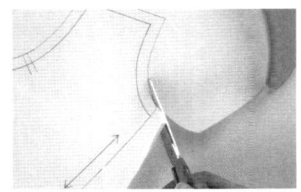

① 시접 치수는 마름질하는 법을 참조한다. 모눈자를 이용하면 편리하다.

② 곡선 부분은 시접 폭을 직각으로 재면서 표시한다.

③ ②에서 표시한 곳을 곡선자 등으로 이으면서 깨끗하게 선을 그린다.

④ 시접선에서 옷본을 자른다. 시접 있는 옷본 완성.

시접을 그릴 때의 포인트

소맷부리 : 소맷부리의 양 끝 시접이 모자라지 않도록 시접을 둡니다.

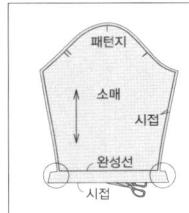  

① 소맷부리 이외의 시접을 다 그리고 나면 모서리 주위를 넉넉하게 남기고 옷본을 자른다.

② 소맷부리를 완성선에서 접고, 소매 옆선의 시접선을 따라서 남는 부분을 자른다.

③ 모서리에 필요한 분량만큼 시접이 깔끔하게 생긴다.

밑단 : 밑단의 양옆 시접이 모자라지 않도록 시접을 둡니다.

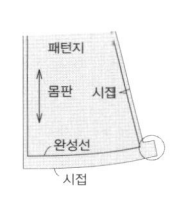 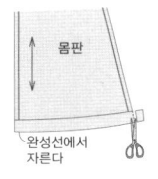 

① 밑단 이외의 시접을 다 그리고 나면 밑단 모서리 주위를 넉넉하게 남기고 옷본을 자른다.

② 밑단을 완성선에서 접고, 옆선의 시접선을 따라서 남는 부분을 자른다.

③ 모서리에 남는 부분 없이 시접이 깔끔하게 생긴다.

⑤ 바이어스감 만드는 법

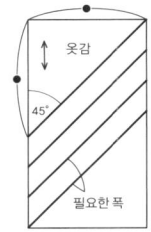 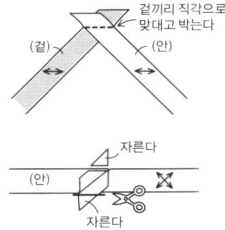

식서 방향에 대해 45도 각도로 자른 옷감을 바이어스감이라고 합니다. 잘라 낸 바이어스감을 필요한 길이만큼 이어서 사용합니다.

★ 바이어스테이프 메이커를 사용하면 손쉽게 바이어스테이프를 만들 수 있습니다.

바이어스테이프 메이커
완성 폭 6mm, 12mm, 18mm, 25mm, 50mm짜리가 있습니다.

⑥ 단춧구멍 만드는 법

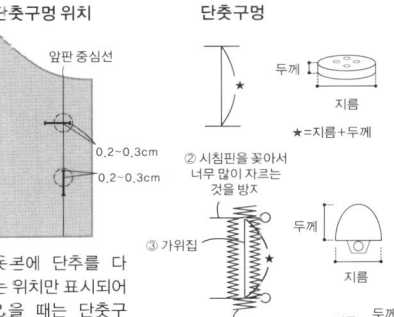

옷본에 단추를 다는 위치만 표시되어 있을 때는 단춧구멍은 단추 다는 위치의 0.2~0.3cm 오른쪽(또는 위)에서부터 만듭니다.

⑦ 빗장박기 하는 법

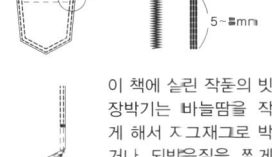

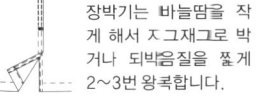

이 책에 실린 작품의 빗장박기는 바늘땀을 작게 해서 지그재그로 박거나 되박음질을 촘촘하게 2~3번 왕복합니다.

빗장박기는 주머니 입구나 트임 끝 등 올이 풀리기 쉬운 부분을 튼튼하게 단들기 위한 스티치입니다. 색실로 빗장박기를 해주면 포인트가 됩니다.

A라인 베이직 원피스　photo P.6

완성 치수(S / M / L / LL)
가슴둘레 96 / 100 / 104 / 108cm
전체 길이 88 / 90 / 93 / 95cm

재료(공통)
- MUDDY WORKS 2tone 남색(홈크래프트-일본 코카사의 원단)
  110cm 폭 x 300cm
- 1cm 폭 늘어남 방지 테이프 70cm

실물 크기 옷본 1면 [1]
1-앞판, 2-뒤판, 3-소매
[A] 공통 주머니

알맞은 옷감
리넨 캔버스, 면마 캔버스,
옥스퍼드, 브로드클로스,
얇은 두께~중간 두께 모,
트윌, 얇은 데님, 코듀로이

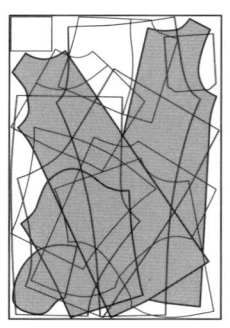

만드는 순서

❶ 마름질하는 법을 참조하여 옷감을 마른다.

❷ 어깨선을 박는다.
❸ 목둘레선을 처리한다.
❹ 소매를 박는다.
❺ 소매 옆선에서부터 몸판 옆선까지 박는다.
❻ 주머니를 단다(P.69 참조).
❼ 소맷부리와 밑단을 처리한다.

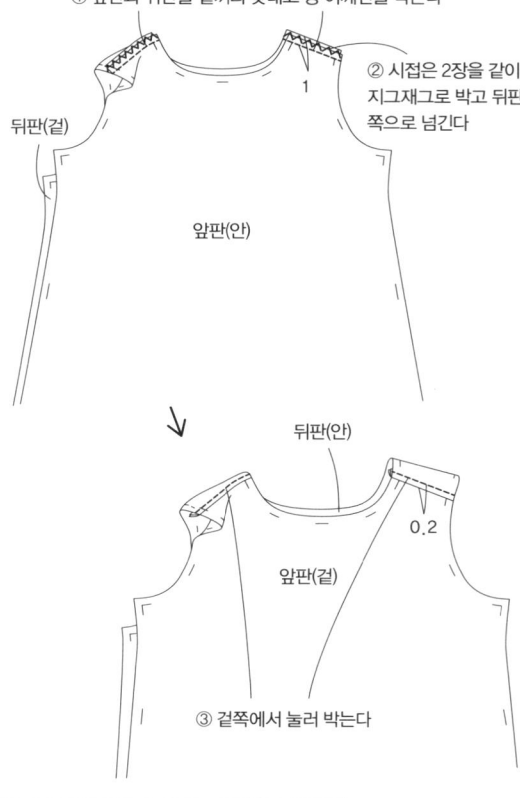

❷ 어깨선을 박는다.
① 앞판과 뒤판을 겉끼리 맞대고 양 어깨선을 박는다
② 시접은 2장을 같이 지그재그로 박고 뒤판 쪽으로 넘긴다
③ 겉쪽에서 눌러 박는다

옷감을 마름질하는 법

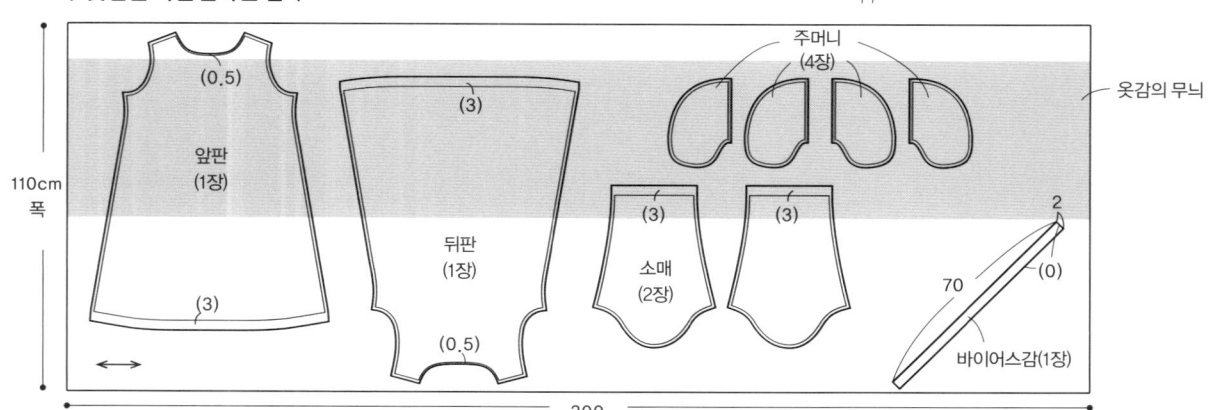

* 마름질하는 법은 M치수의 예.
* ( ) 안은 시접. 정해진 것 이외에는 1cm.
* 주머니의 주머니 입구에 늘어남 방지 테이프를 붙인다.

❸ 목둘레선을 처리한다.

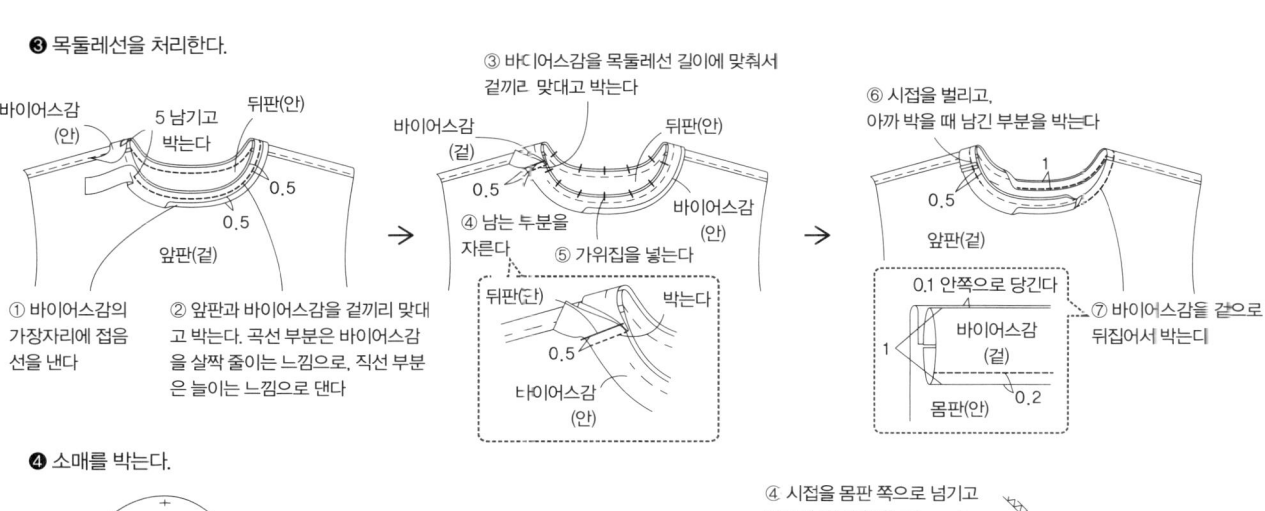

❹ 소매를 박는다.

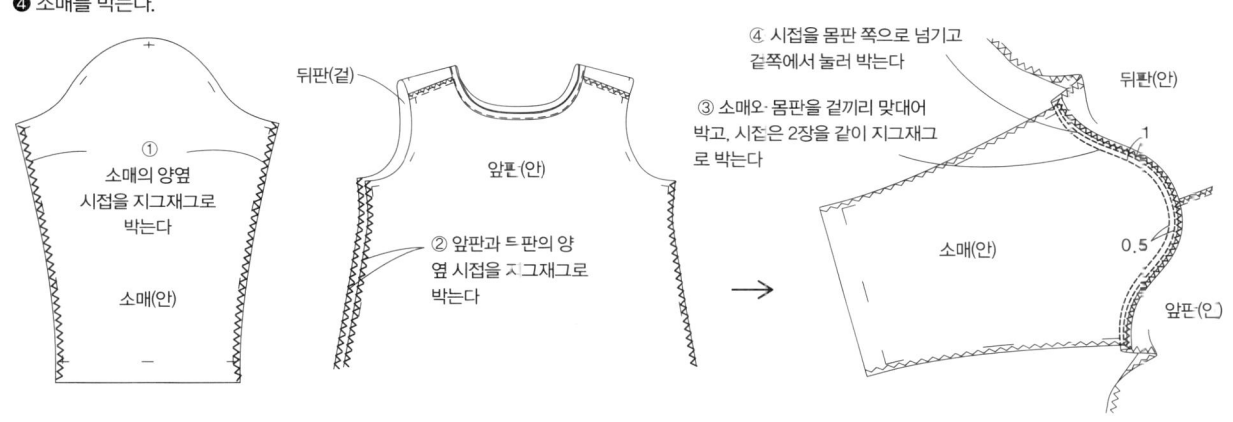

❺ 소매 옆선에서부터 몸판 옆선까지 박는다.

① 앞판과 뒤판을 겉끼리 맞대고 소매 옆선에서부터 몸판 옆선까지 박는다 (이때 주머니 입구는 남긴다)

② 시접을 벌린다

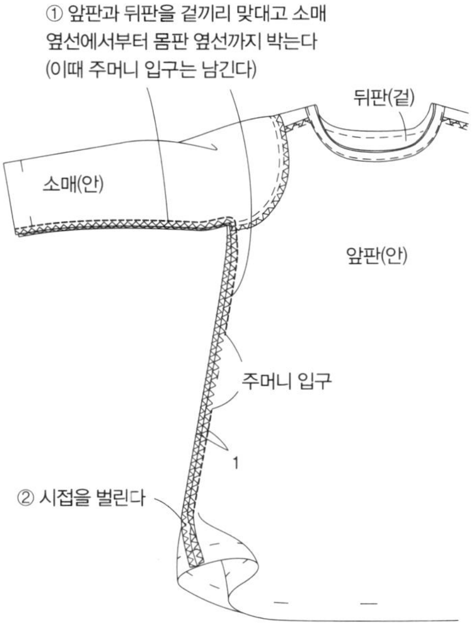

❻ 주머니를 단다.
주머니 다는 법은 P.69 참조.

❼ 소맷부리와 밑단을 처리한다.

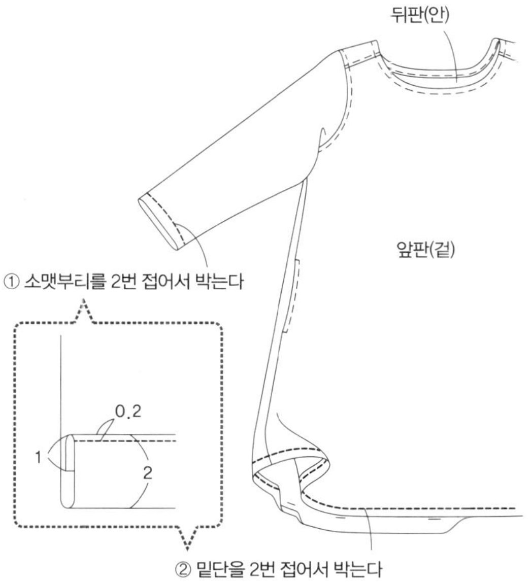

① 소맷부리를 2번 접어서 박는다

② 밑단을 2번 접어서 박는다

드롭 포켓 내추럴 원피스

photo P.8

완성 치수(S / M / L / LL)
가슴둘레 105 / 109 / 113 / 118cm
전체 길이 98 / 100 / 102 / 104cm

재료(S / M / L / LL)
- 리넨 실크 밝은 베이지(리넨야)
  110㎝ 폭 x 310 / 320 / 330 / 330cm

실물 크기 옷본 2면 [7]
1-앞판, 2-앞판 2,
3-뒤판, 4-뒤판 2, 5-소매

알맞은 옷감
리넨 캔버스, 면마 캔버스,
옥스퍼드, 브로드클로스,
얇은 두께~중간 두께 모,
트윌 등

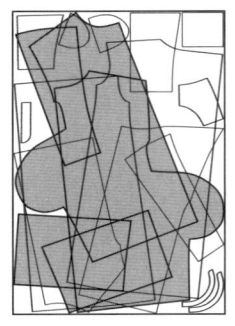

| 옷감을 마름질하는 법 |

골선
(0.5)
(1.5)
앞판(1장)
* 옷본을
이은 뒤에
사용한다
(3)
(0.5)
(1.5)
뒤판(1장)
* 옷본을
이은 뒤에
사용한다
(3)
310
320
330
330
소매
(2장)
(3)
2
70
(0)
바이어스감
(1장)
110cm폭

* 위에서부터 S / M / L / LL
* ( ) 안은 시접. 정해진 것 이외에는 1cm.

| 만드는 순서 |

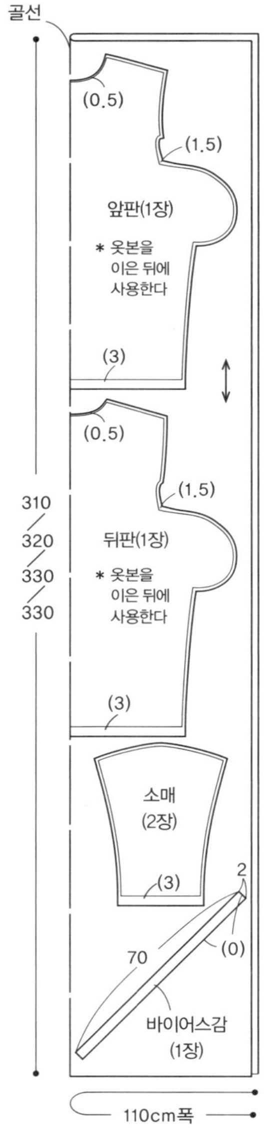

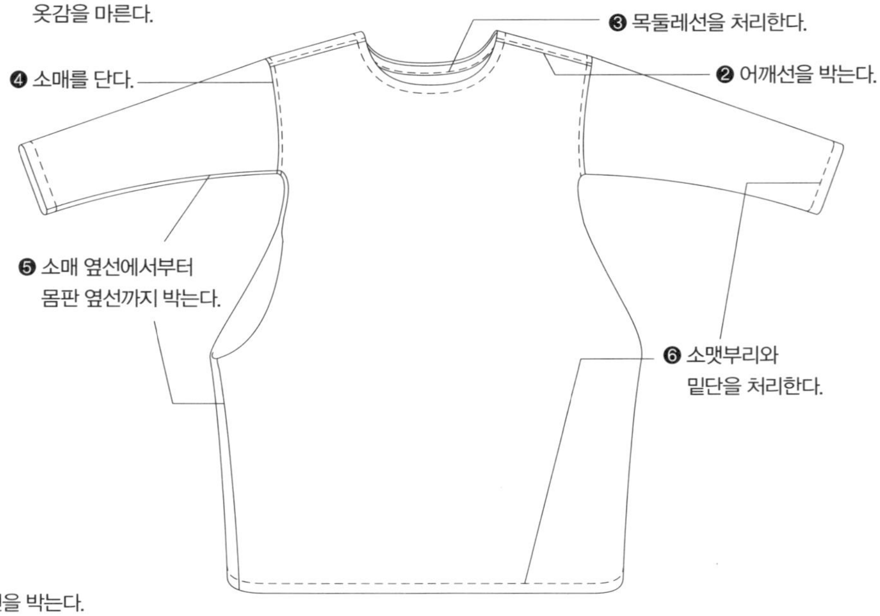

❶ 마름질하는 법을 참조하여 옷감을 마른다.
❸ 목둘레선을 처리한다.
❹ 소매를 단다.
❷ 어깨선을 박는다.
❺ 소매 옆선에서부터 몸판 옆선까지 박는다.
❻ 소맷부리와 밑단을 처리한다.

❷ 어깨선을 박는다.

① 앞판과 뒤판을 겉끼리 맞대어 양 어깨선을 박는다
② 시접은 2장을 같이 지그재그로 박고 뒤판 쪽으로 넘긴다
1
뒤판(겉)
앞판(안)

③ 겉쪽에서 눌러 박는다
0.2
앞판(겉)
뒤판(안)

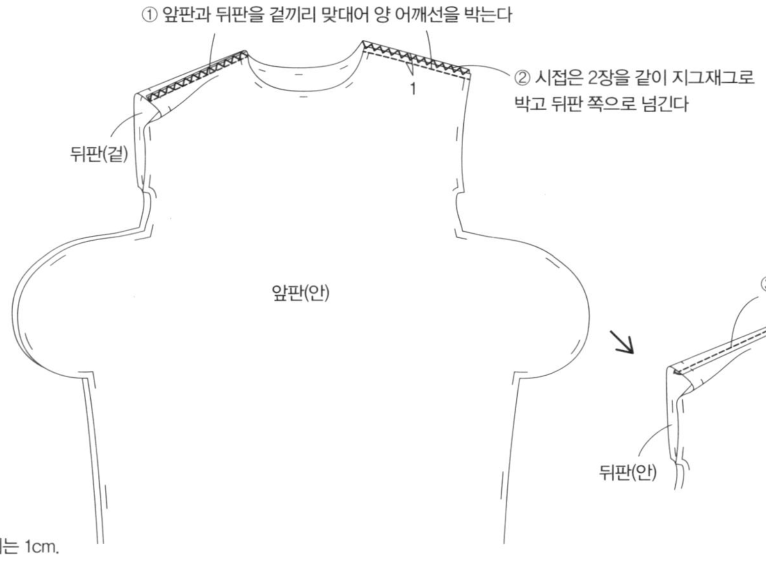

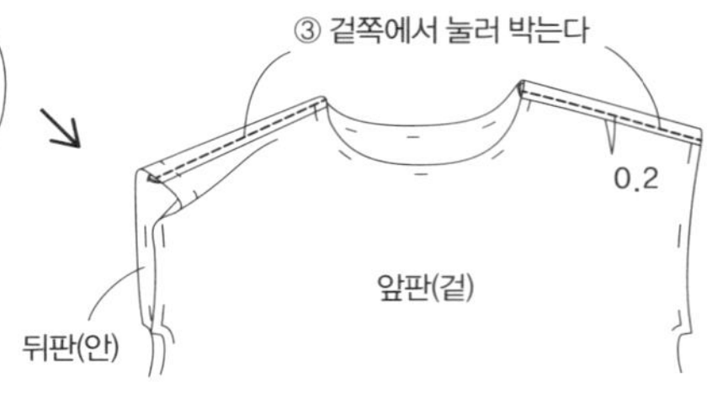

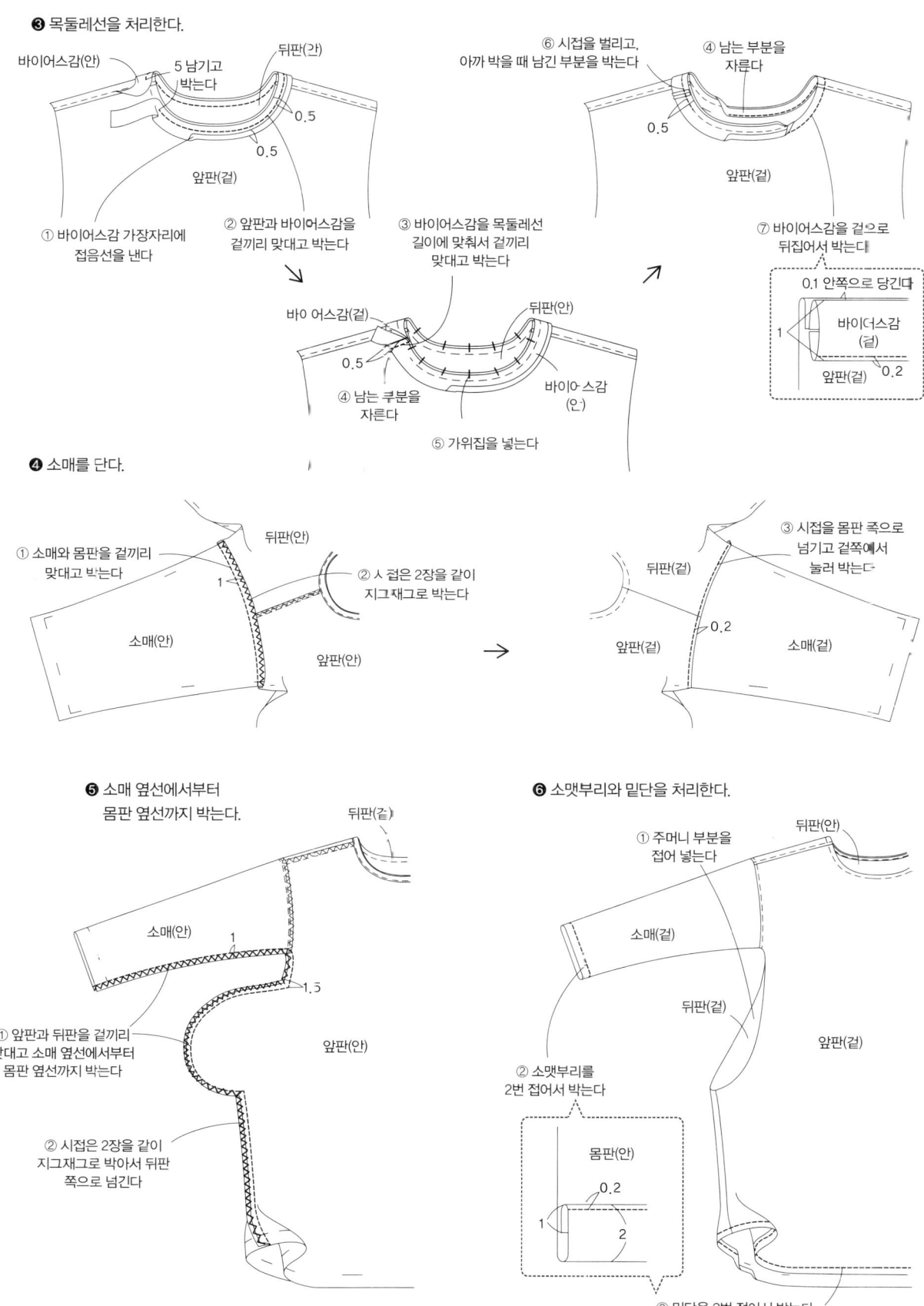

어깨 주름 민소매 원피스 photo P.10

완성 치수

어른용(S / M / L / LL)
가슴둘레 180 / 188 / 207 / 207cm
전체 길이 109 / 111 / 114 / 116cm

아이용(80 / 90 / 100 / 110 / 120 / 130 / 140)
가슴둘레 114 / 120 / 125 / 130 / 138 / 146 / 154cm
전체 길이 50 / 57 / 64 / 71 / 77 / 83 / 89cm

재료

어른용(S / M / L / LL)
- 리투아니아 리넨 얇은 두께 흰색(나카쇼지)
  150cm 폭 x 250 / 260 / 270cm
- 지름 1cm 단추 10개
- 접착심지 40 x 20cm

아이용(80 / 90 / 100 / 110 / 120 / 130 / 140)
- 면 샴브레이 회색
  150cm 폭 x 140 / 150 / 160 / 170 / 180 / 190cm
- 지름 1cm 단추 6개(80, 90) / 7개(100~140)
- 접착심지 25 x15cm

(어른용) 실물 크기 옷본 3면 [12]
1-앞판, 2-뒤쪽 바대, 3-뒤판
4-옷깃, 5-앞판 2, 6-뒤판 2

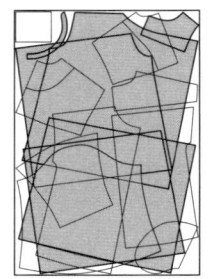

(아이용) 실물 크기 옷본 2면 [8]
1-앞판, 2-뒤쪽 바대, 3-뒤판
4-옷깃

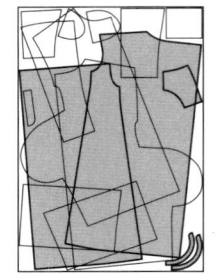

알맞은 옷감
론, 시어서커, 도비, 얇은 캔버스, 얇은 브로드클로스

| 만드는 순서 |

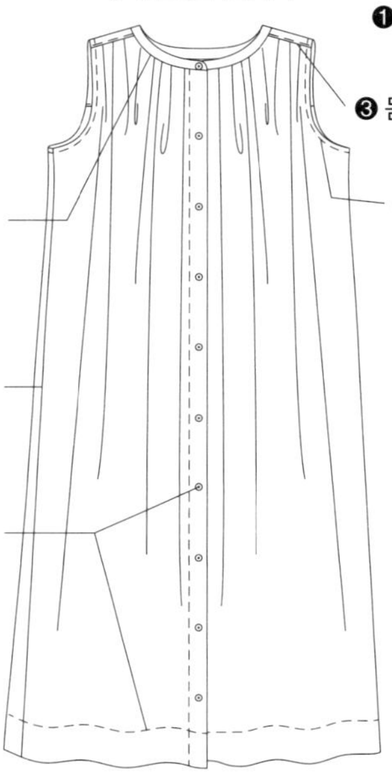

❶ 마름질하는 법을 참조하여 옷감을 마른다.
❸ 몸판과 바대를 잇는다.
❹ 옷깃을 만들어서 단다.
❻ 진동둘레를 처리한다.
❷ 고리를 만든다.
❺ 양 옆선을 박는다.
❼ 밑단을 처리하고 단추를 단다.

| 옷감을 마름질하는 법 |

어른용
골선 / 앞판(2장) * 옷본을 이은 뒤에 사용한다 / (0.7) (4) (7)
240 / 250 / 260 / 270
뒤판(1장) * 옷본을 이은 뒤에 사용한다 / (0.7) (7)
겉 뒤쪽 바대(1장) (0.7)
안 뒤쪽 바대(1장) (0.7)
겉깃(1장)
안깃(1장)
바이어스감(2장) 42/43/44.5/46
고리(1장)
← 150cm폭 →

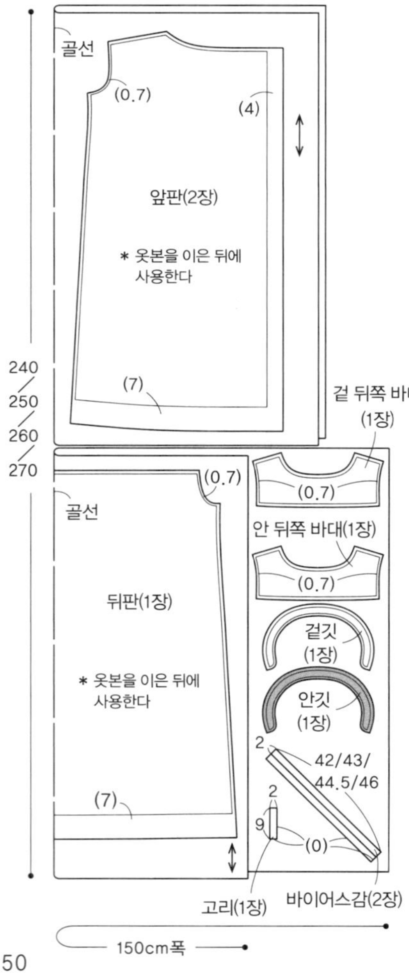

아이용
골선 / 앞판(2장) (0.7) (4) (6)
130 / 140 / 150 / 160 / 170 / 180 / 190
뒤판(1장) (0.7) (6)
겉 뒤쪽 바대(1장) (0.7) (0.7)
안 뒤쪽 바대(1장)
겉깃(1장)
안깃(1장)
바이어스감(2장) 32.5/33/34/35.5/36/38/39.5
고리(1장)
← 150cm폭 →

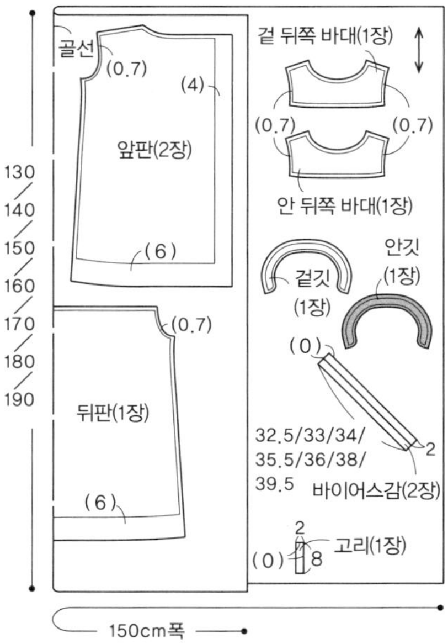

어른용/ 앞

아이용

* 아이용 만드는 법은 어른용과 같다.
  치수는 ( ) 안을 참조
* 위에서부터 S / M / L / LL
  80 / 90 / 100 / 110 / 120 / 130 / 140
* ( ) 안은 시접. 정해진 것 이외에는 1cm.
* ■ 에는 접착심지를 붙인다.

❷ 고리를 만든다.

① 고리를 4겹이 되게 접어서 가운데를 박는다

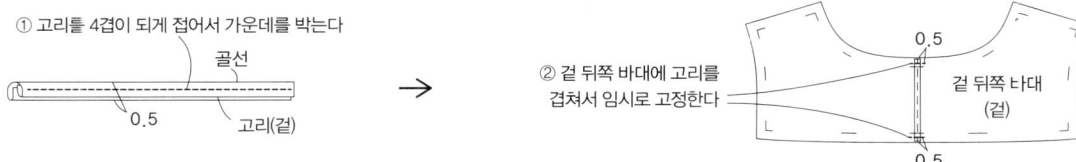

② 겉 뒤쪽 바대에 고리를 겹쳐서 임시로 고정한다

❸ 몸판과 바대를 잇는다.

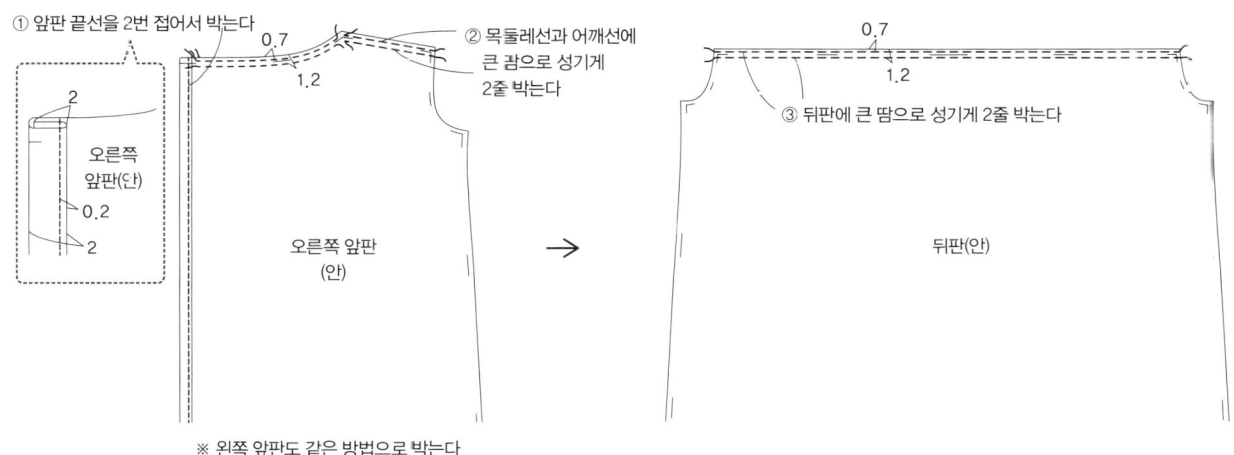

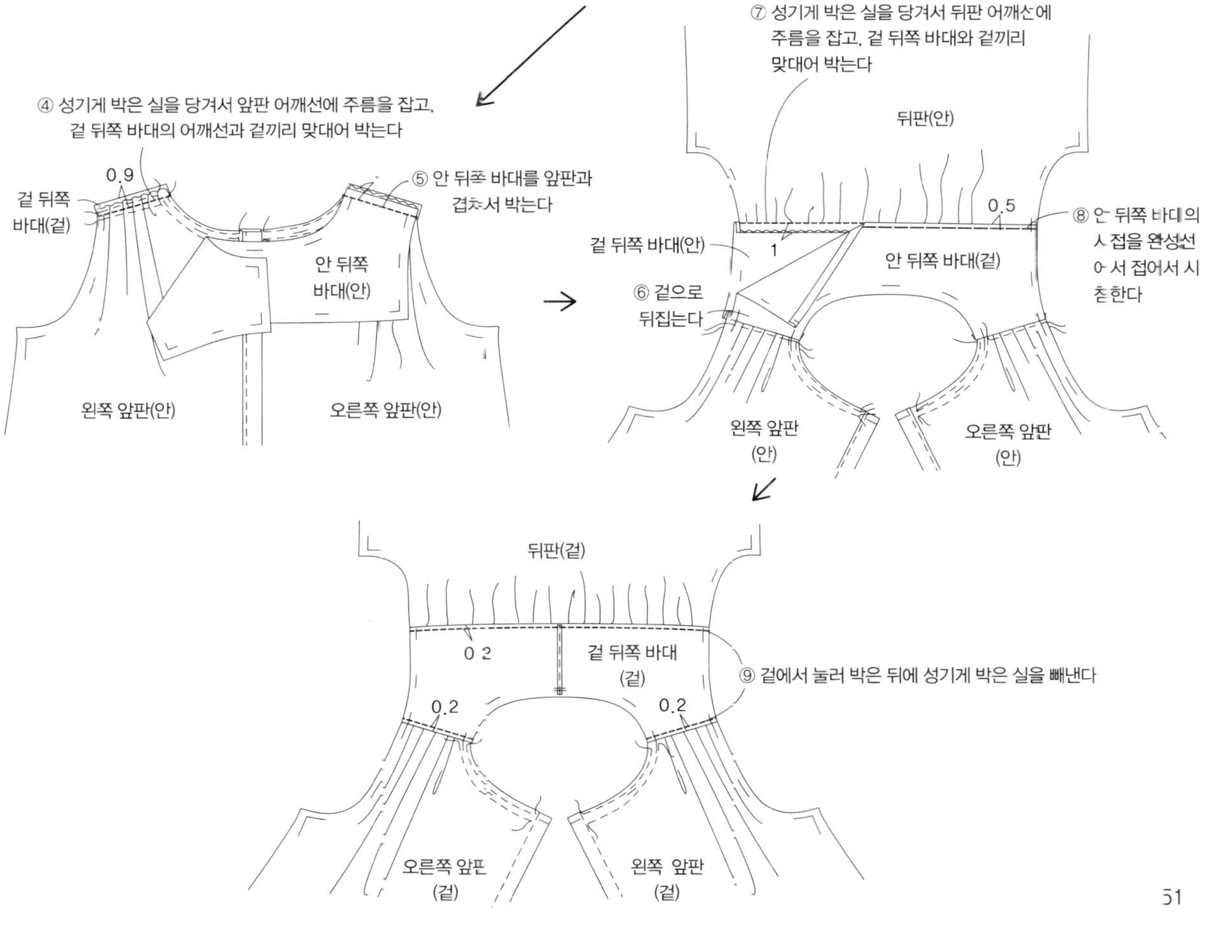

❹ 옷깃을 만들어서 단다.

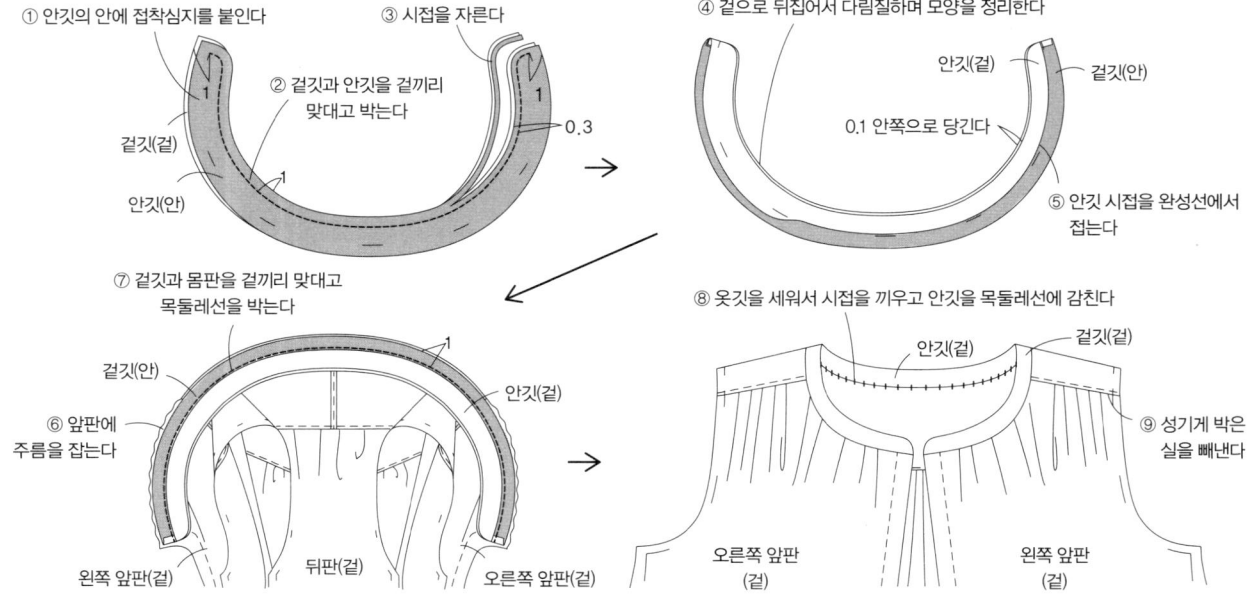

❺ 양 옆선을 박는다.

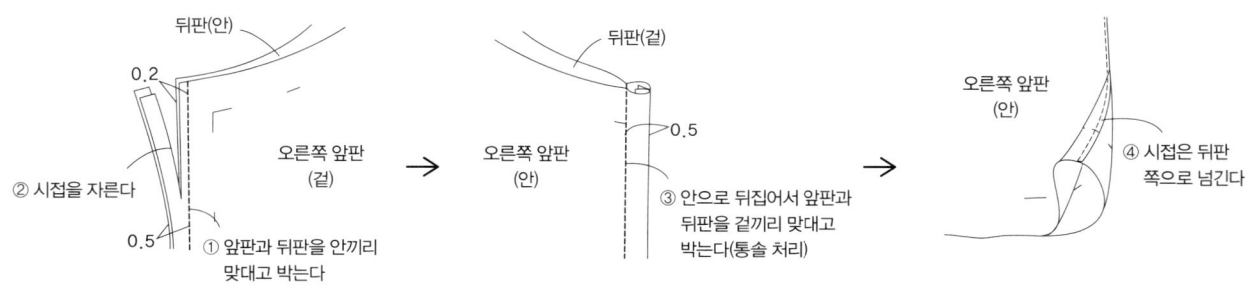

❻ 진동둘레를 처리한다.

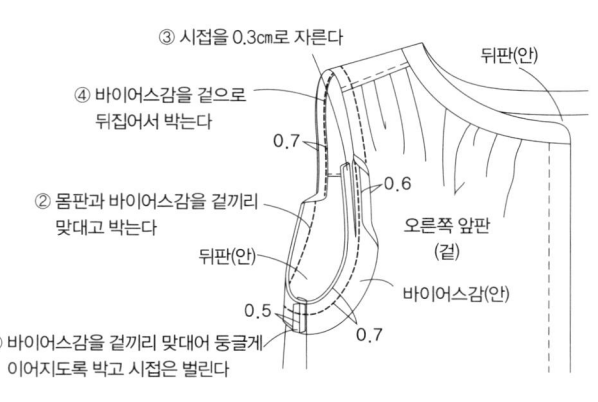

아이용 원피스의 단추 다는 위치
(옷깃에 단추를 다는 위치에서부터 같은 간격으로 단다)

치수	80	90	100	110	120	130	140
간격(cm)	6.5	7	7	8	8.5	9	9.5
개수	6	6	7	7	7	7	7

❼ 밑단을 처리하고 단추를 단다.

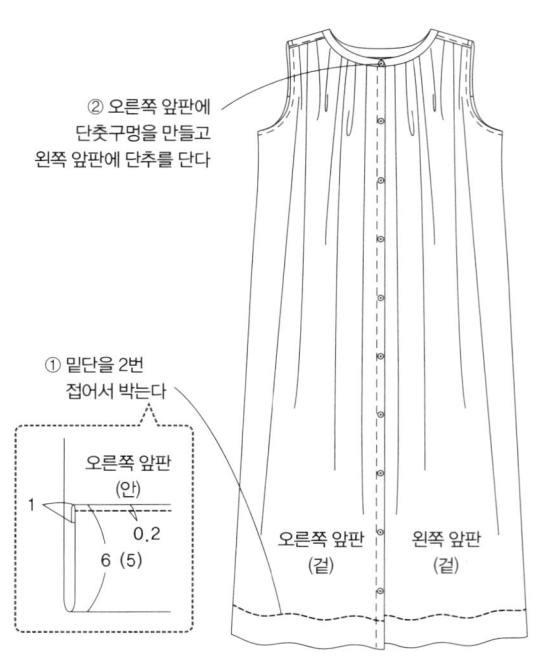

러블리 주름 블라우스

photo P.34

완성 치수(S / M / L / LL)
가슴둘레 180 / 188 / 198 / 207cm
전체 길이 66 / 66.5 / 67 / 67.5cm

재료(S / M / L / LL)
- 벨기에 리넨 150cm 폭 x 230 / 240 / 250 / 260cm
- 지름 1cm 단추 6개
- 접착심지 40 x 20cm

실물 크기 옷본 3면 [13]
1-앞판, 2-뒤쪽 바대,
3-뒤판, 4-옷깃, 5-소매

알맞은 옷감
론, 시어서커, 도비,
얇은 캔버스,
얇은 브로드클로스

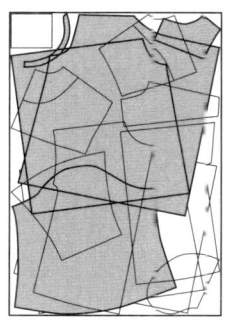

| 옷감을 마름질하는 법 |

| 만드는 순서 |

❶ 마름질하는 법을 참조하여 옷감을 마른다.
❷ 그리를 만든다.
❸ 돗판과 바대를 잇는다.
❹ 옷깃을 만들어서 단다.
❺ 소매를 달고 소매 옆선에서부터 몸판 옆선까지 박는다.
❻ 소맷부리를 처리한다.
❼ 밑단을 처리하고 단추를 단다.

※ ❶~❹, ❼을 하는 방법은 P. 50~52 어깨 주름 민소매 원피스를 참조

* 온쪽(위)에서부터 S / M / L / LL
* ( ) 안은 시접. 정해진 것 이외에는 1cm
* ▓▓ 에는 접착심지를 붙인다.

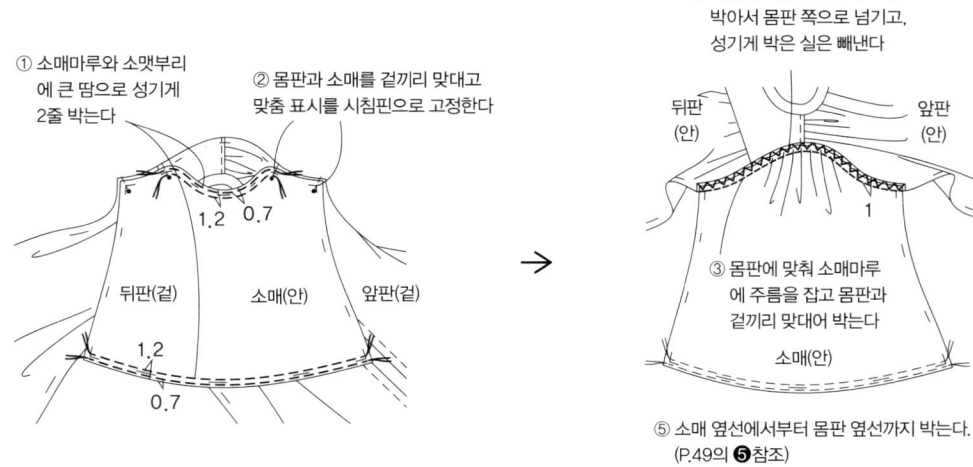

❻ 소맷부리를 처리한다.

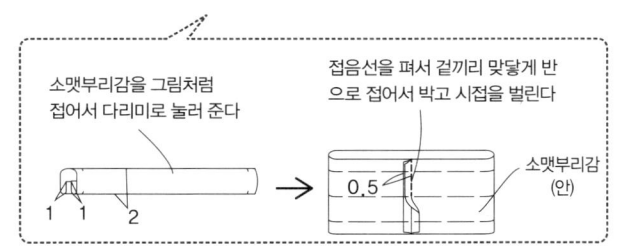

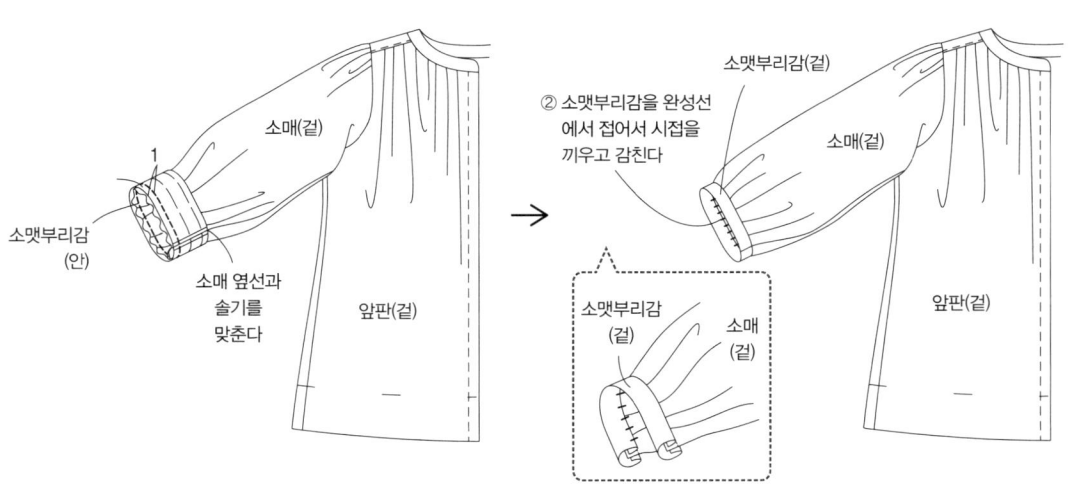

올리브그린 리넨 스커트   photo P.12
베이직 데님 스커트   photo P.36

완성 치수(S / M / L / LL)
엉덩이둘레 90 / 93 / 97.5 / 101.5cm
치마 길이 78.5 / 81.5 / 87.5 / 87.5cm

재료(S / M / L / LL)
- 리넨 옥스퍼드 armywork 올리브색(리넨야)
  110cm 폭 x 140 / 150 / 160 / 170cm
- 주머닛감용 별도 옷감 50 x 50cm
- 접착심지 30 x 30cm
- 1cm 폭 늘어남 방지 테이프
- 2.5cm 폭 납작 고무줄 75cm
  (허리 치수에 맞춰서 조절)
- 지름 1.5cm 단추 1개

P.36 작품
- 면×민무늬(검정)×데님(fab-fabric)
  110cm 폭 x 140 / 150/160/170cm

※ 그 외에는 P.12 작품과 같음.

실물 크기 옷본 4면 [16]
1-스커트 앞판, 2-뒤쪽 바대,
3-스커트 뒤판, 4-주머니 밑판,
5-주머닛감, 6-뒷주머니

알맞은 옷감
중간 두께 리넨, 조금 두꺼운 캔버스,
얇은 데님, 치노클로스

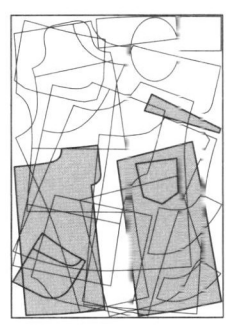

| 만드는 순서 |

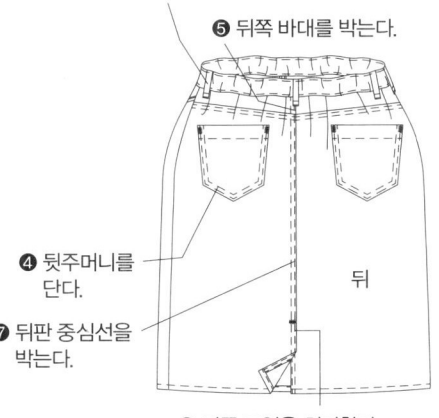

| 옷감을 마름질하는 법 |

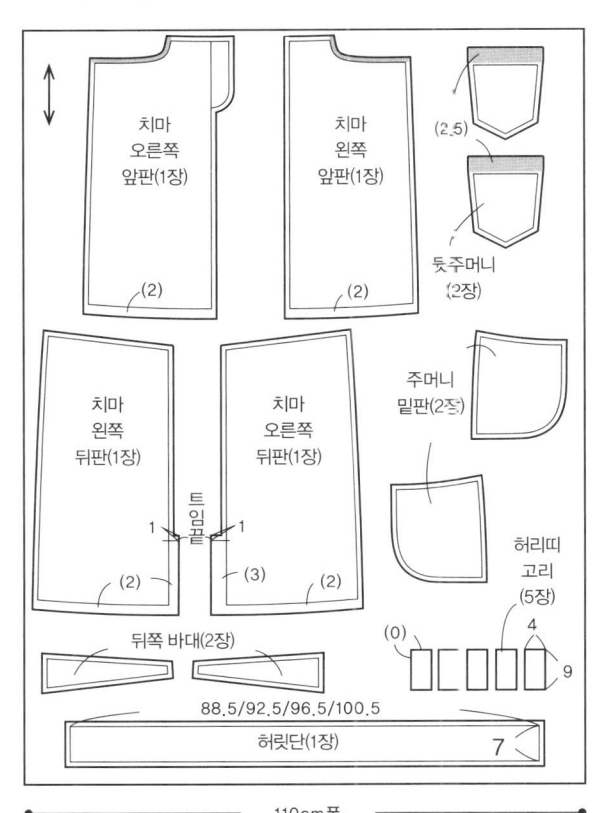

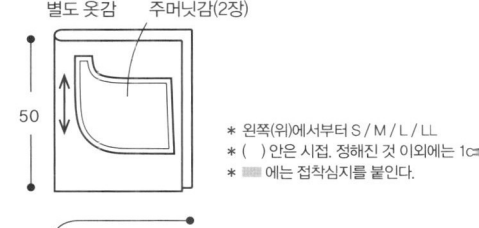

* 왼쪽(위)에서부터 S / M / L / LL
* ( ) 안은 시접. 정해진 것 이외에는 1cm
* ▨ 에는 접착심지를 붙인다.

❷ 앞판 중심선을 박는다.

❸ 앞주머니를 단다.

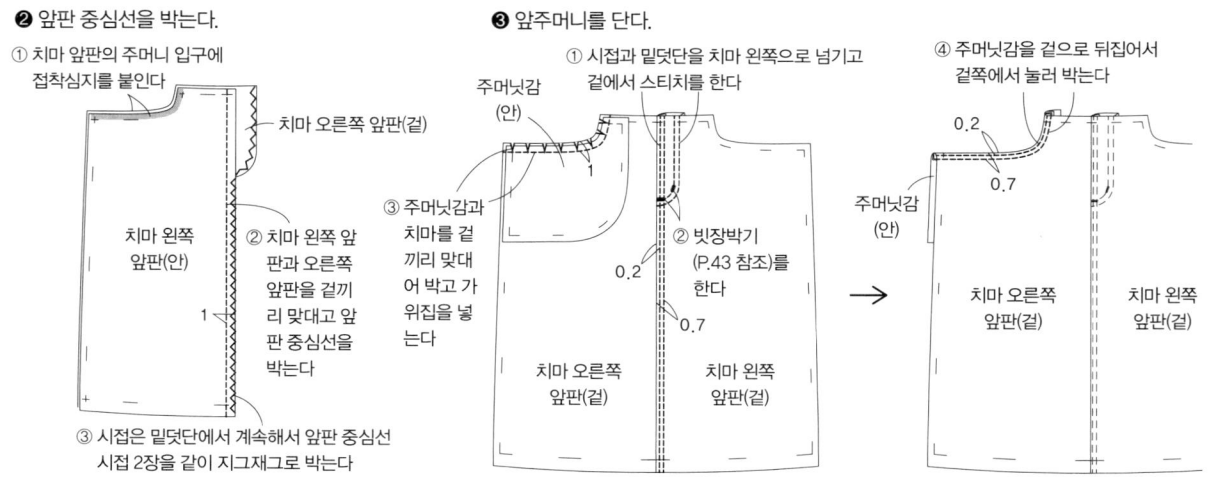

❹ 뒷주머니를 단다.

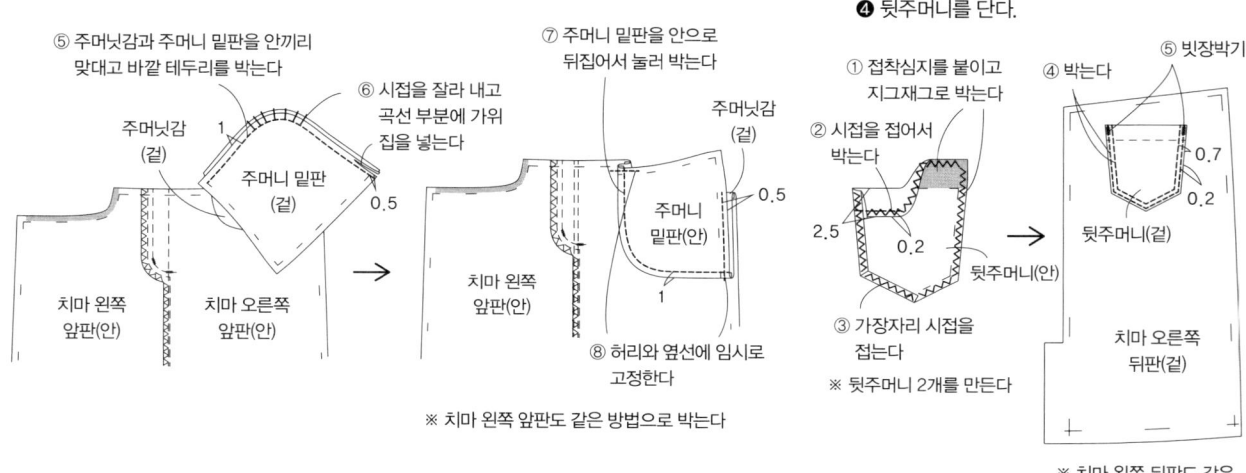

❺ 뒤쪽 바대를 박는다.

❻ 뒤쪽 트임을 처리한다.

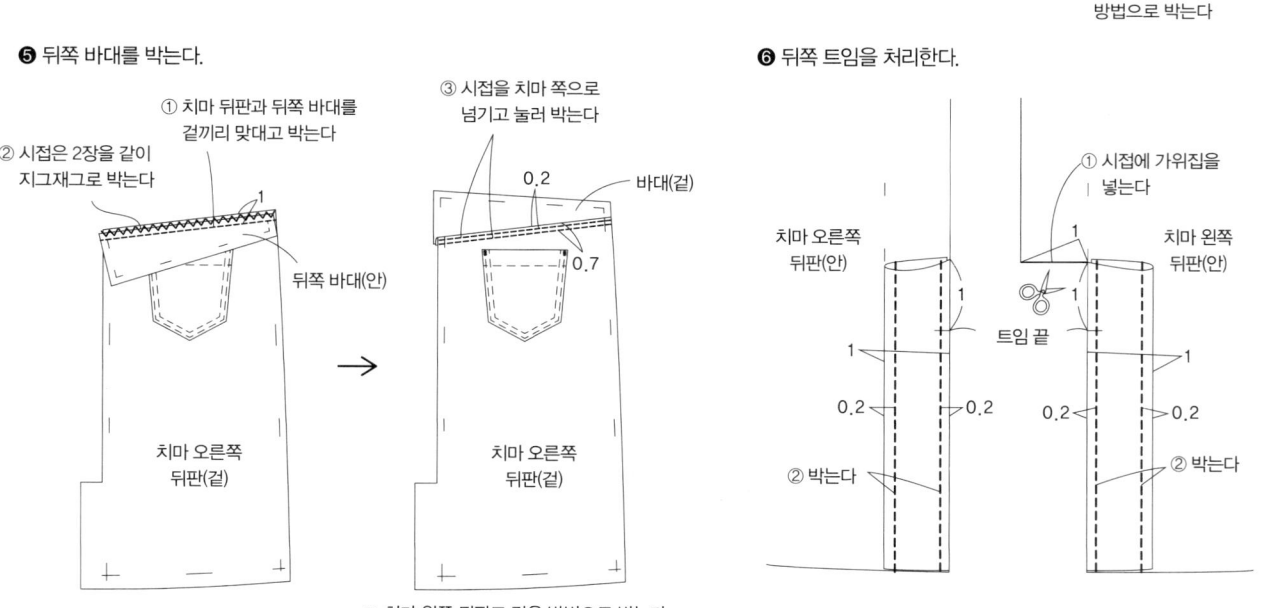

❼ 뒤판 중심선을 박는다.

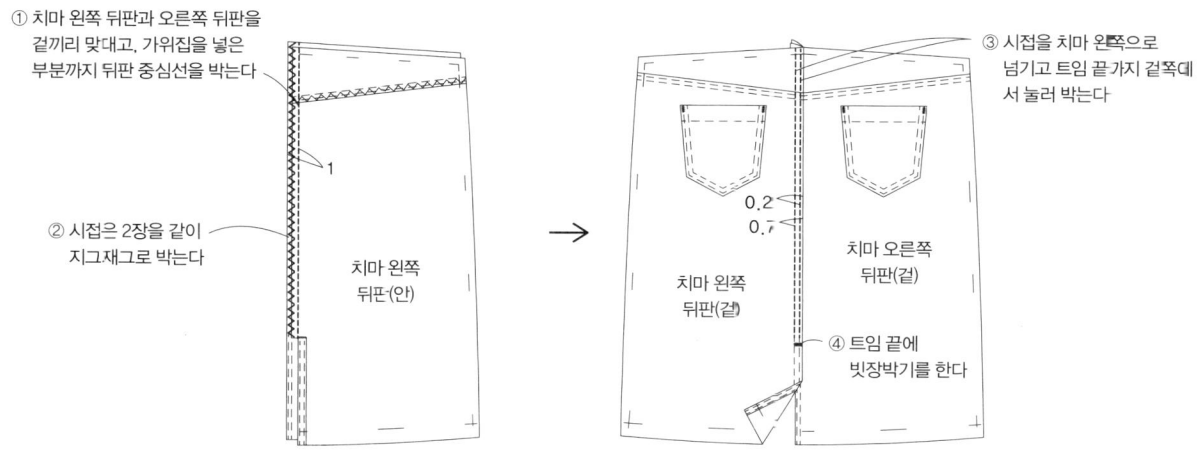

❽ 옆선을 박는다.

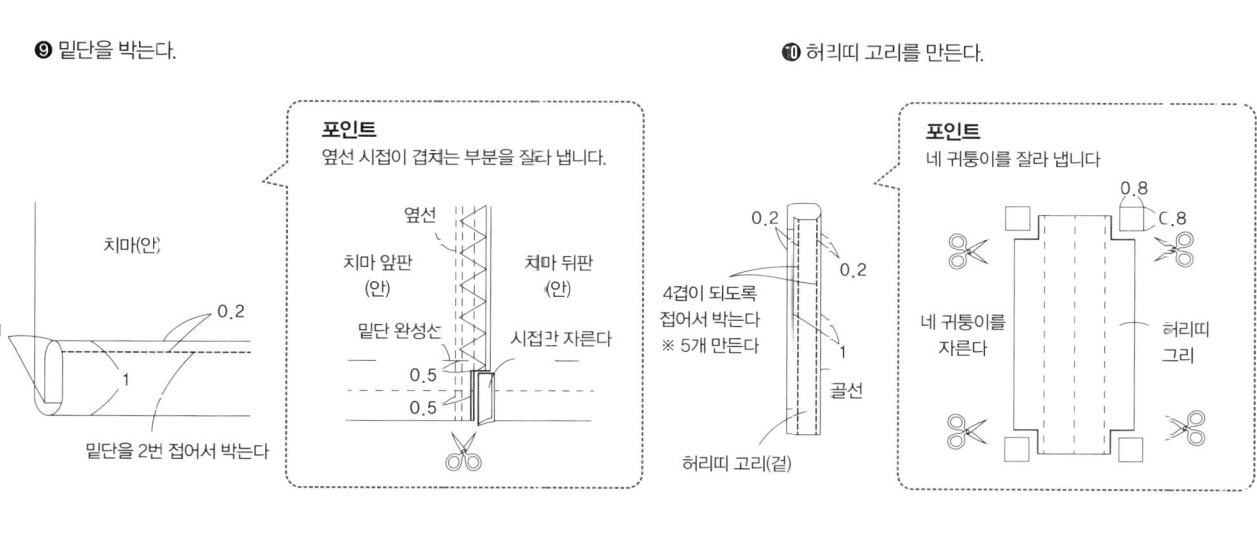

❾ 밑단을 박는다.

❿ 허리띠 고리를 만든다.

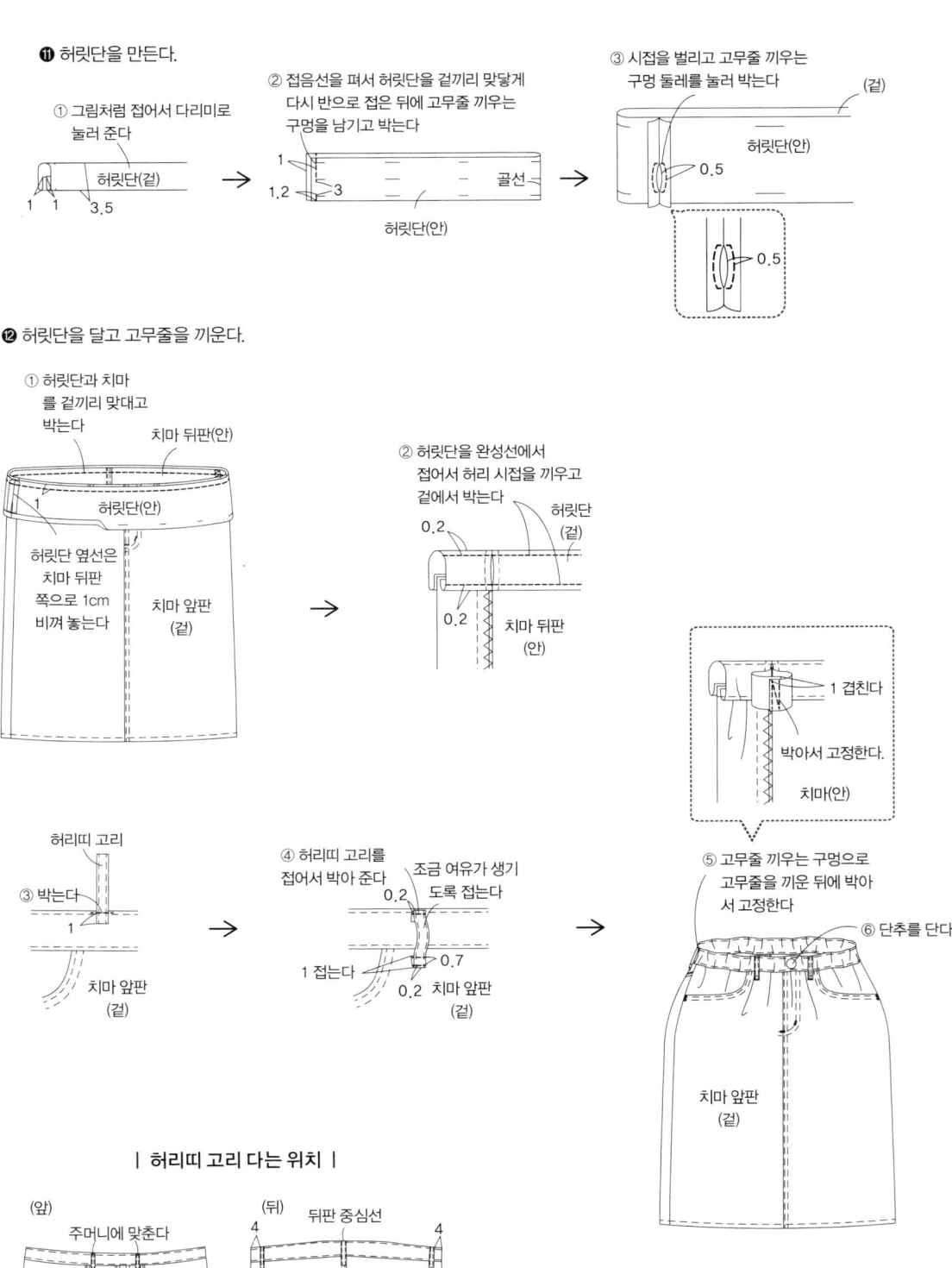

레깅스

photo P.18

완성 치수(S / M / L / LL)
엉덩이둘레 62 / 66 / 70 / 74.5cm
전체 길이 93.5 / 94.5 / 96.5 / 97.5cm

재료(S / M / L / LL)
- 스판 후라이스
  110cm 폭 × 110 / 110 / 120 / 120cm
- 2cm 폭 납작 고무줄 75cm(허리 치수에 맞춰서 조절)
- 1.5cm 폭 능직 테이프 7cm

실물 크기 옷본 1면 [3]
1-바지 앞뒤판

알맞은 옷감
후라이스, 스판 후라이스
(신축성이 높은 옷감)

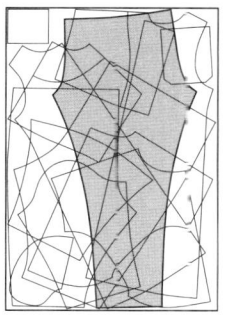

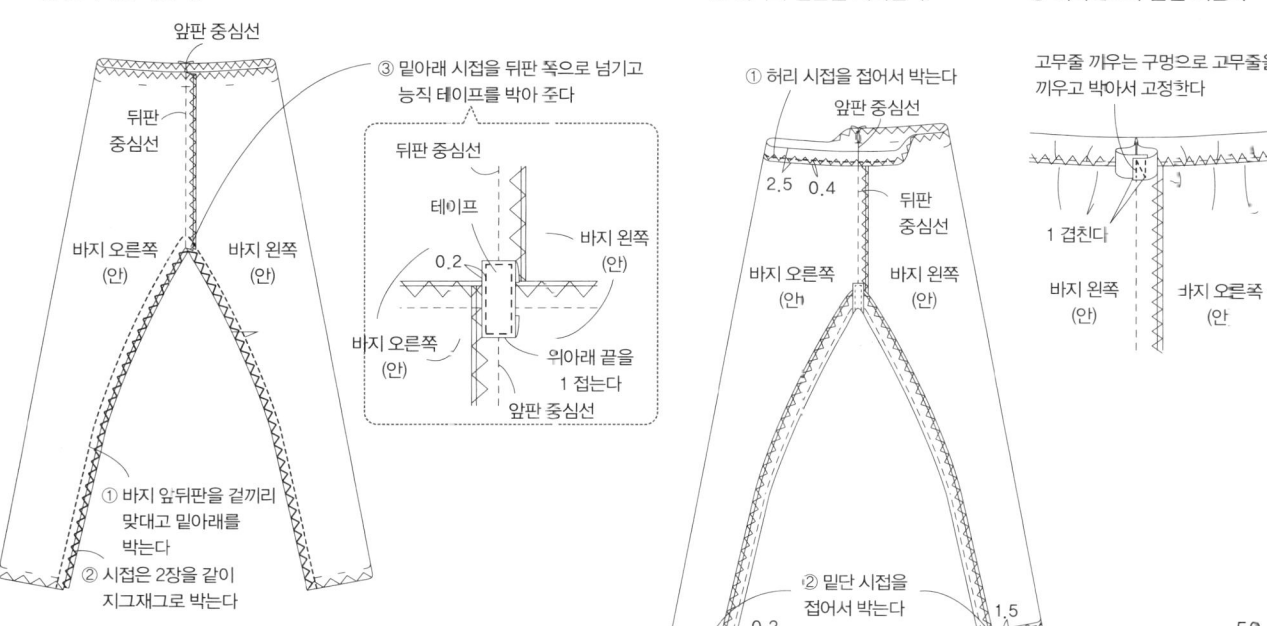

전통 장바구니 photo P.39

재료
아래 그림을 참조하여 옷감 필요량을 정한다.

완성 치수
★의 길이가 높이, 정사각형의 대각선 길이가 폭이 된다.

| 옷감을 마름질하는 법 |

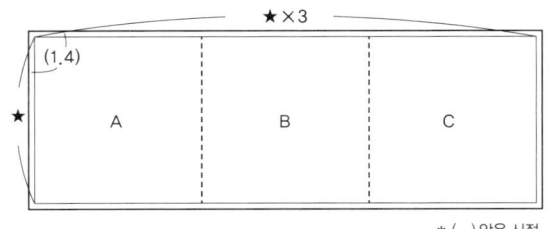

★ = 25cm 정도면 도시락 주머니.
30~40cm 정도면 바구니 속깔개.
50cm 정도면 숄더백이 됩니다.

* ( ) 안은 시접.

❶ 옷감 가장자리를 처리한다.

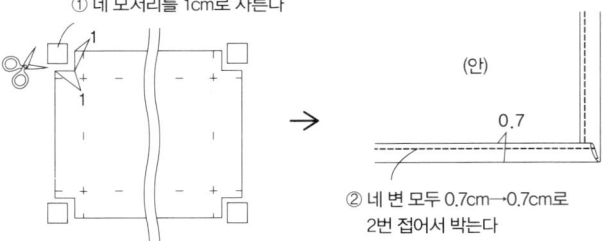

① 네 모서리를 1cm로 자른다
② 네 변 모두 0.7cm→0.7cm로 2번 접어서 박는다

❷ 겉끼리 맞대고 박는다.

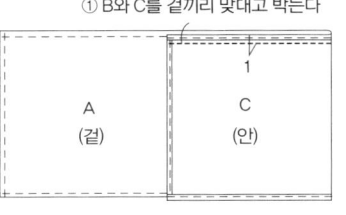

① B와 C를 겉끼리 맞대고 박는다
② A와 B를 겉끼리 맞대고 박는다

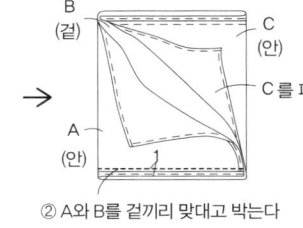

C를 피한다

❸ 옆폭을 박는다.

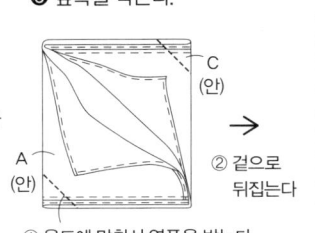

① 용도에 맞춰서 옆폭을 박는다
② 겉으로 뒤집는다
③ 눌러 박는다

2~3번 되박음질을 한다

주방 장갑 photo P.39

실물 크기 옷본 4면 [20]
1-겉감, 2-안감, 3-퀼트심지, 4-주머닛감

완성 치수
폭 13 x 높이 18cm(소)
폭 15 x 높이 20cm(대)

재료
- 겉감 (소) 15 x 20cm / (대) 17 x 22cm
- 안감 (소) 15 x 20cm / (대) 17 x 22cm
- 주머닛감 (소) 15 x 20cm 2장 / (대) 17 x 22cm 2장
- 퀼트심지 (소) 15 x 20cm / (대) 17 x 22cm
- 가죽끈 10cm

| 옷감을 마름질하는 법 |

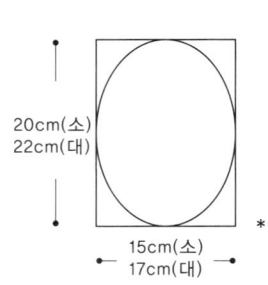

20cm(소) / 22cm(대)
15cm(소) / 17cm(대)

❶ 주머니를 만든다.

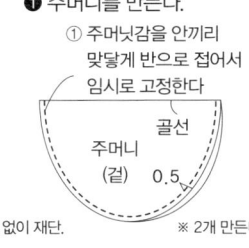

① 주머닛감을 안끼리 맞닿게 반으로 접어서 임시로 고정한다
* 시접 없이 재단.
※ 2개 만든다

❷ 주머니와 겉감을 임시로 고정한다.

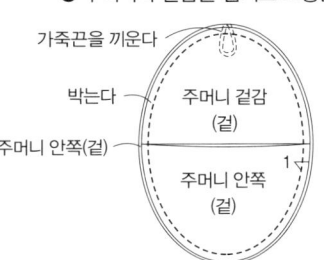

가죽끈을 끼운다
박는다
주머니 겉감(겉)
주머니 안쪽(겉)

❸ 안감을 만든다.

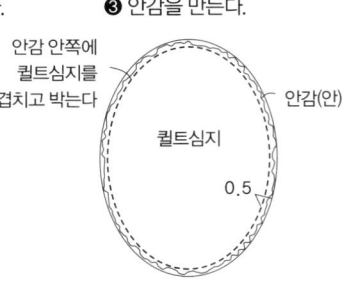

안감 안쪽에 퀼트심지를 겹치고 박는다
퀼트심지
안감(안)

* 필요한 부분과 장수
겉감(1장), 안감(1장), 주머닛감(2장), 퀼트심지(1장)

❹ 겉감과 안감을 박는다.

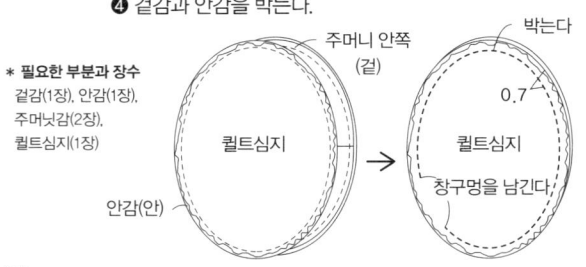

주머니 안쪽(겉)
박는다
퀼트심지
창구멍을 남긴다
안감(안)

❺ 겉으로 뒤집어서 마무리한다.

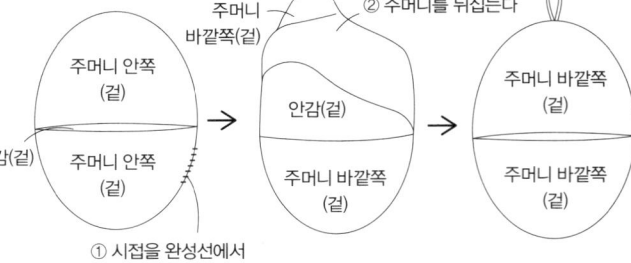

② 주머니를 뒤집는다
주머니 안쪽(겉)
겉감(겉)
주머니 안쪽(겉)
안감(겉)
주머니 바깥쪽(겉)
① 시접을 완성선에서 접어 넣고 감친다

오픈칼라 원피스 photo P.26
오픈칼라 민소매 원피스 photo P.30

완성 치수
어른용(S / M / L / LL)
가슴둘레 119 / 123 / 130 / 133cm
전체 길이 101 / 103 / 106 / 108cm

아이용(80 / 90 / 100 / 110 / 120 / 130 / 140)
가슴둘레 74 / 78 / 82 / 86 / 92 / 98 / 104cm
전체 길이 55.5 / 61.5 / 66.5 / 73.5 / 79.5 / 85.5cm

재료
어른용(S / M / L / LL)
- 리넨 110cm 폭 x 340 / 340 / 350 / 350cm
- P.30 작품/ 컬러 리넨 오커레드(리넨아)
  110cm 폭 x 300 / 300 / 310 / 310cm
- 접착심지 40 x 40cm
- 1cm 폭 늘어남 방지 테이프 70

아이용(80 / 90 / 100 / 110 / 120 / 130 / 140)
- 리넨 x 민무늬(오커골드) x 서지(fab-fabric)
  110cm 폭 x 200 / 210 / 220 / 230 / 240 / 250 / 260cm
- 접착심지 30 x 30cm
- 1cm 폭 늘어남 방지 테이프 50cm

※ 만드는 법은 P.40에 있습니다.

(어른용) 실물 크기 옷본 1면
[4]
1-앞판, 2-앞쪽 안단, 3-뒤판
4-뒤쪽 안단, 5-소매
[A] 공통 주머니

[5](민소매)
1-앞판, 2-앞쪽 안단, 3-뒤판
4-뒤쪽 안단, [A] 공통 주머니

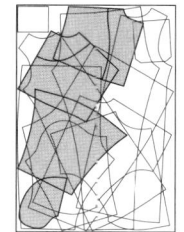

(아이용) 실물 크기 옷본 3면
[15]
1-앞판, 2-앞쪽 안단, 3-뒤판
4-뒤쪽 안단, 5-소매
[A] 공통 주머니

[5](민소매)
1-앞판, 2-앞쪽 안단, 3-뒤판
4-뒤쪽 안단, [A] 공통 주머니

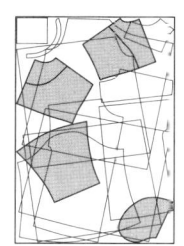

알맞은 옷감
리넨 캔버스, 면마 캔버스, 옥스퍼드, 브로드클로스, 얇은 두께~중간 두께 모, 트윌, 얇은 데님, 코듀로이

어른용 치마 치수

★ = 5 / 5 / 5.5 / 5.5

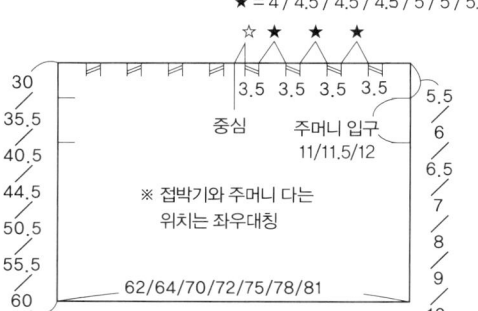

※ 왼쪽(위)에서부터 S / M / L / LL

아이용 치마 치수

☆ = 2 / 2 / 2 / 2.5 / 2.5 / 2.5 / 2.5
★ = 4 / 4.5 / 4.5 / 4.5 / 5 / 5 / 5.5

※ 왼쪽(위)에서부터 80 / 90 / 100 / 110 / 120 / 130 / 140

옷감을 마름질하는 법

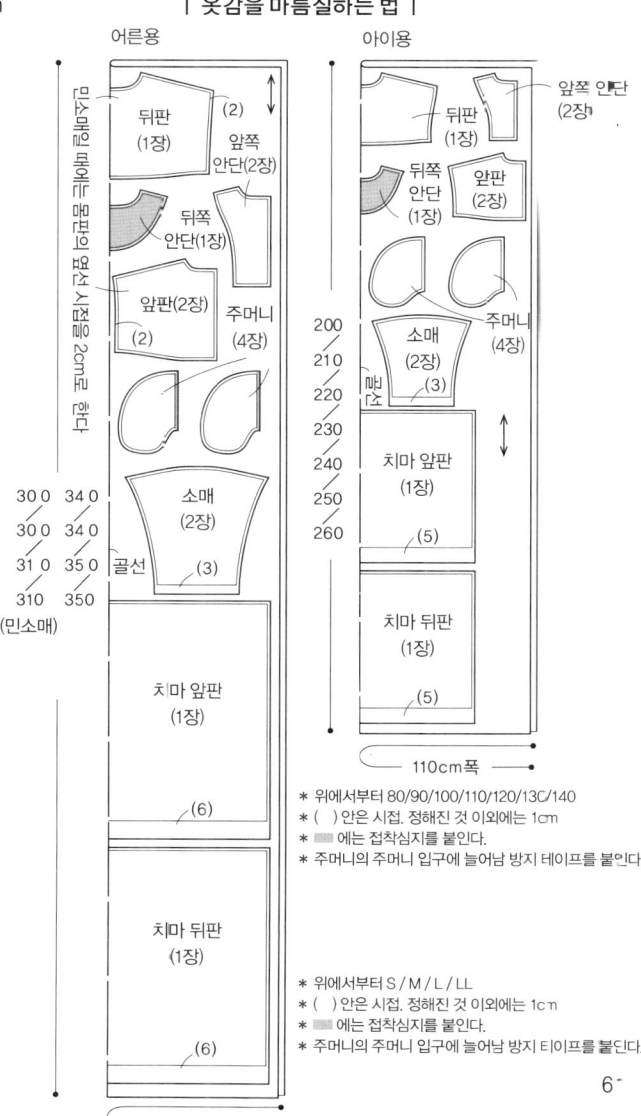

* 위에서부터 80/90/100/110/120/130/140
* ( ) 안은 시접. 정해진 것 이외에는 1cm
* ▨ 에는 접착심지를 붙인다.
* 주머니의 주머니 입구에 늘어남 방지 테이프를 붙인다.

* 위에서부터 S / M / L / LL
* ( ) 안은 시접. 정해진 것 이외에는 1cm
* ▨ 에는 접착심지를 붙인다.
* 주머니의 주머니 입구에 늘어남 방지 테이프를 붙인다.

돌먼 티셔츠

photo P.14

완성 치수(S / M / L / LL)
가슴둘레 113.5 / 117.5 / 121.5 / 125.5cm
전체 길이 53 / 54 / 56 / 57cm

재료(S / M / L / LL)
- 평직 니트 160cm폭 × 110 / 120 / 130cm
- 1cm 폭 늘어남 방지 테이프 60

실물 크기 옷본 1면 [2]
1-앞판, 2-뒤판

알맞은 옷감
평직 니트, 쭈리, 후라이스
자카드 니트

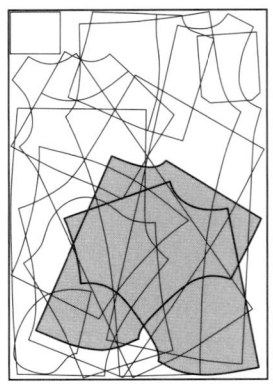

옷감을 마름질하는 법

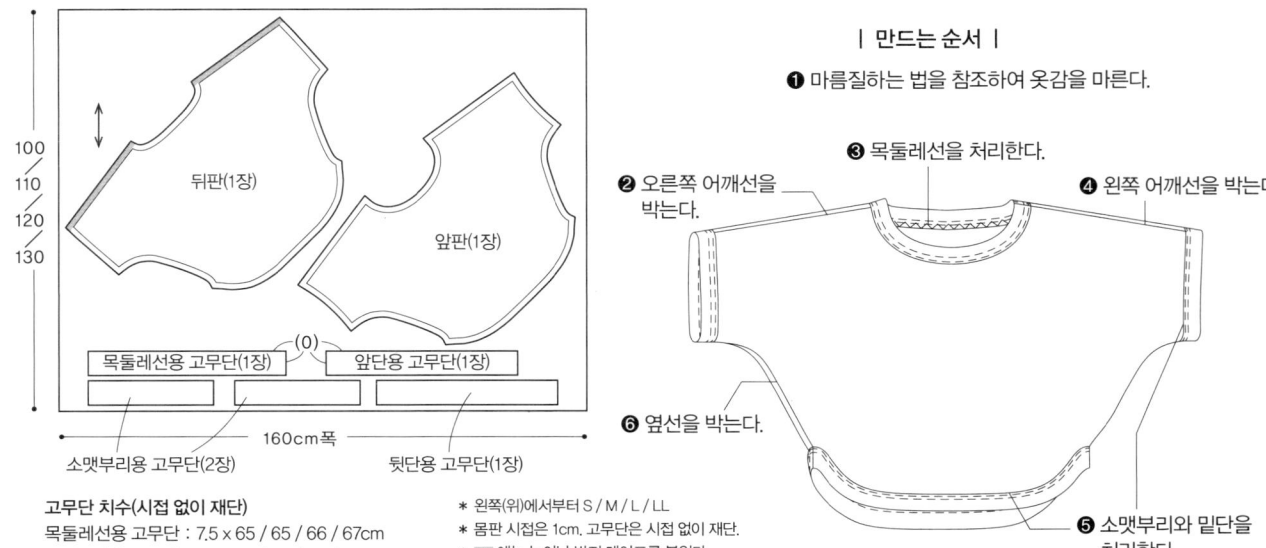

고무단 치수(시접 없이 재단)
목둘레선용 고무단 : 7.5 × 65 / 65 / 66 / 67cm
소맷부리용 고무단 : 7.5 × 36 / 38 / 40 / 42cm
앞단용 고무단 : 7.5 × 53 / 55 / 57 / 60cm
뒷단용 고무단 : 7.5 × 56 / 58 / 60 / 62cm

* 왼쪽(위)에서부터 S / M / L / LL
* 몸판 시접은 1cm. 고무단은 시접 없이 재단.
* ▨에는 늘어남 방지 테이프를 붙인다.

만드는 순서

❶ 마름질하는 법을 참조하여 옷감을 마른다.
❷ 오른쪽 어깨선을 박는다.
❸ 목둘레선을 처리한다.
❹ 왼쪽 어깨선을 박는다.
❺ 소맷부리와 밑단을 처리한다.
❻ 옆선을 박는다.

❷ 오른쪽 어깨선을 박는다.

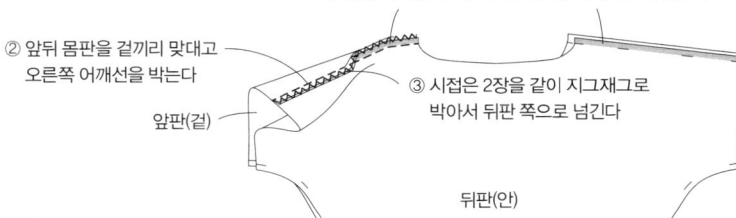

① 뒤판 어깨선의 시접에 늘어남 방지 테이프를 붙인다
② 앞뒤 몸판을 겉끼리 맞대고 오른쪽 어깨선을 박는다
③ 시접은 2장을 같이 지그재그로 박아서 뒤판 쪽으로 넘긴다

❸ 목둘레선을 처리한다.

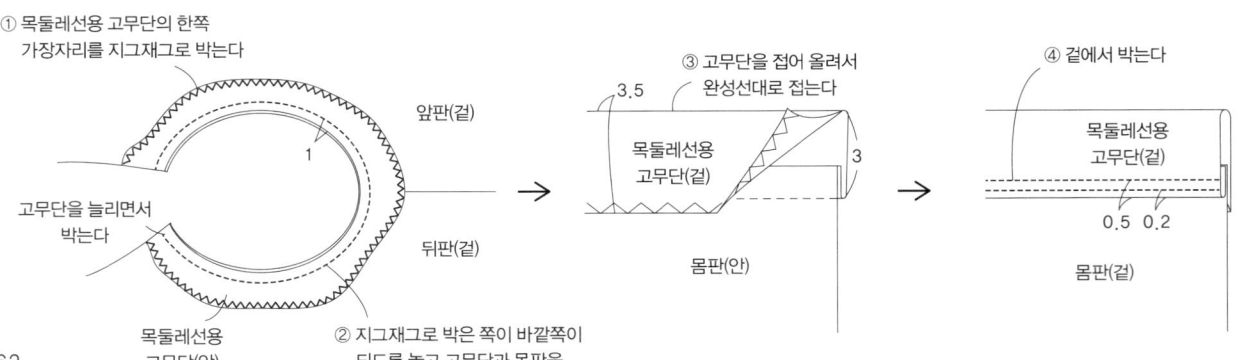

❹ 왼쪽 어깨선을 박는다.

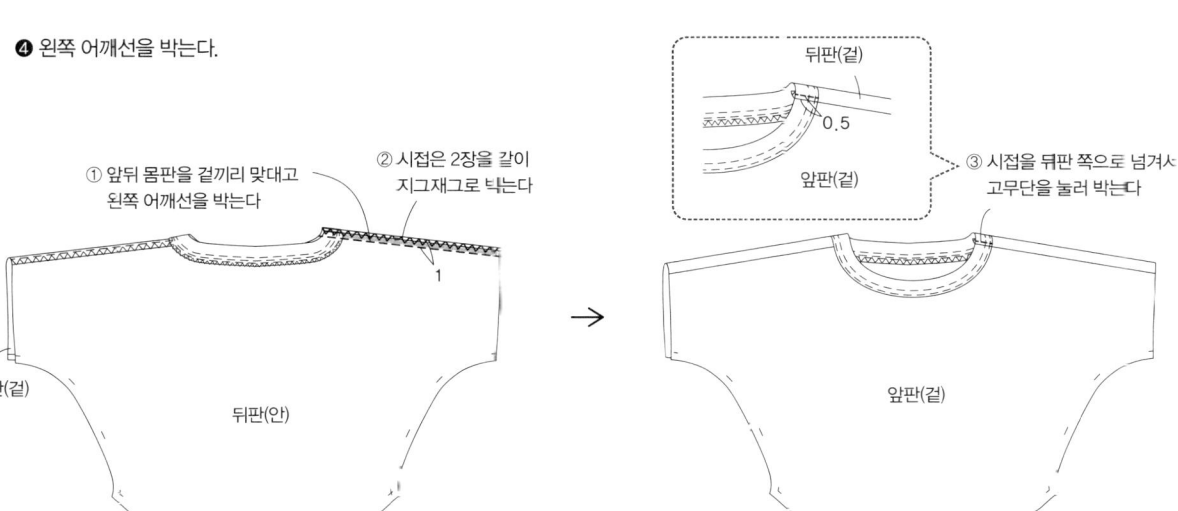

❺ 소맷부리와 밑단을 처리한다.

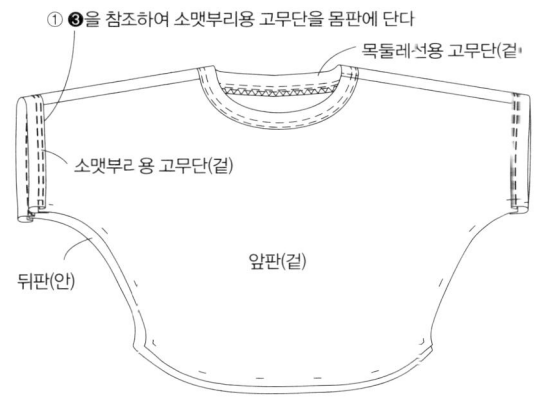

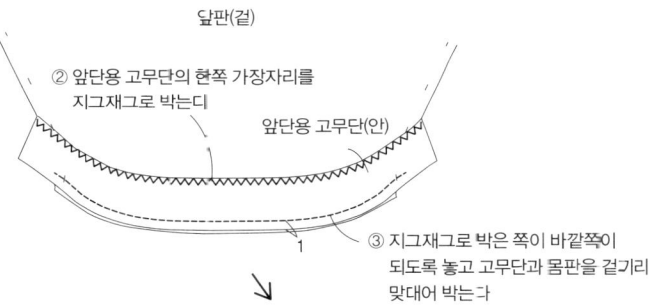

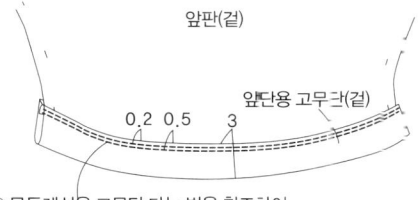

❻ 옆선을 박는다.

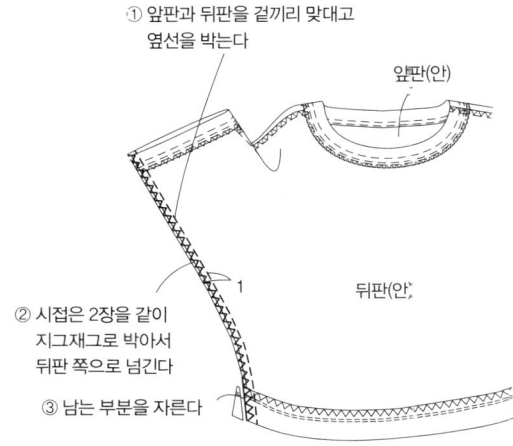

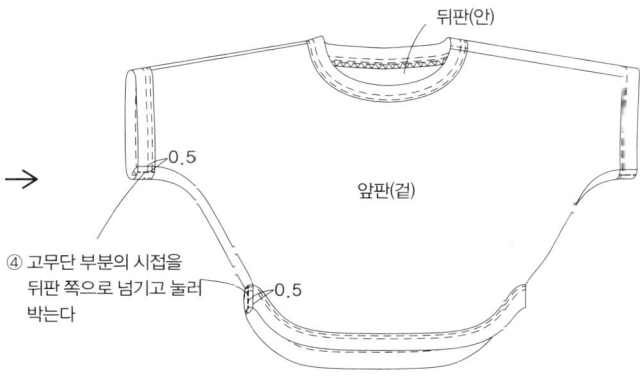

히든 버튼 블라우스

photo P.16

완성 치수(S / M / L / LL)
가슴둘레 95 / 99 / 103 / 107cm
전체 길이 61.5 / 62.5 / 64.5 / 65.5cm

재료(S / M / L / LL)
- 오리지널 하프 리넨 줄무늬(체크 & 스트라이프)
  110cm 폭 × 170 / 180 / 180cm
- 지름 1.5cm 단추 5개
- 접착심지 90

실물 크기 옷본 3면 [14]
1-앞판, 2-뒤판, 3-뒤쪽 바대

알맞은 옷감
중간 두께 리넨, 면마
브로드클로스, 시팅

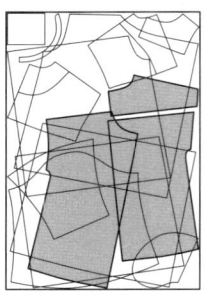

| 만드는 순서 |

❶ 마름질하는 법을 참조하여 옷감을 마른다.

| 옷감을 마름질하는 법 |

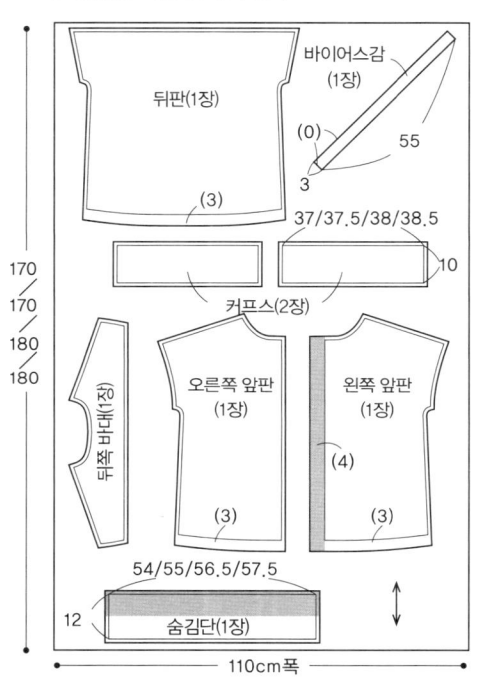

* 왼쪽(위)에서부터 S / M / L / LL
* ( ) 안은 시접. 정해진 것 이외에는 1cm
* ▨ 에는 접착심지를 붙인다.

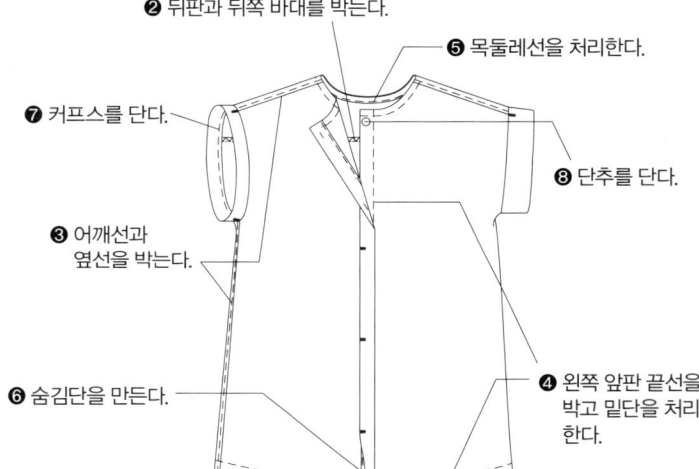

❷ 뒤판과 뒤쪽 바대를 박는다.
❸ 어깨선과 옆선을 박는다.
❹ 왼쪽 앞판 끝선을 박고 밑단을 처리한다.
❺ 목둘레선을 처리한다.
❻ 숨김단을 만든다.
❼ 커프스를 단다.
❽ 단추를 단다.

❷ 뒤판과 뒤쪽 바대를 박는다.

① 뒤판과 뒤쪽 바대를 겉끼리 맞대고 박는다
② 시접은 2장을 같이 지그재그로 박는다
③ 시접을 뒤쪽 바대 쪽으로 넘기고 겉에서 눌러 박는다

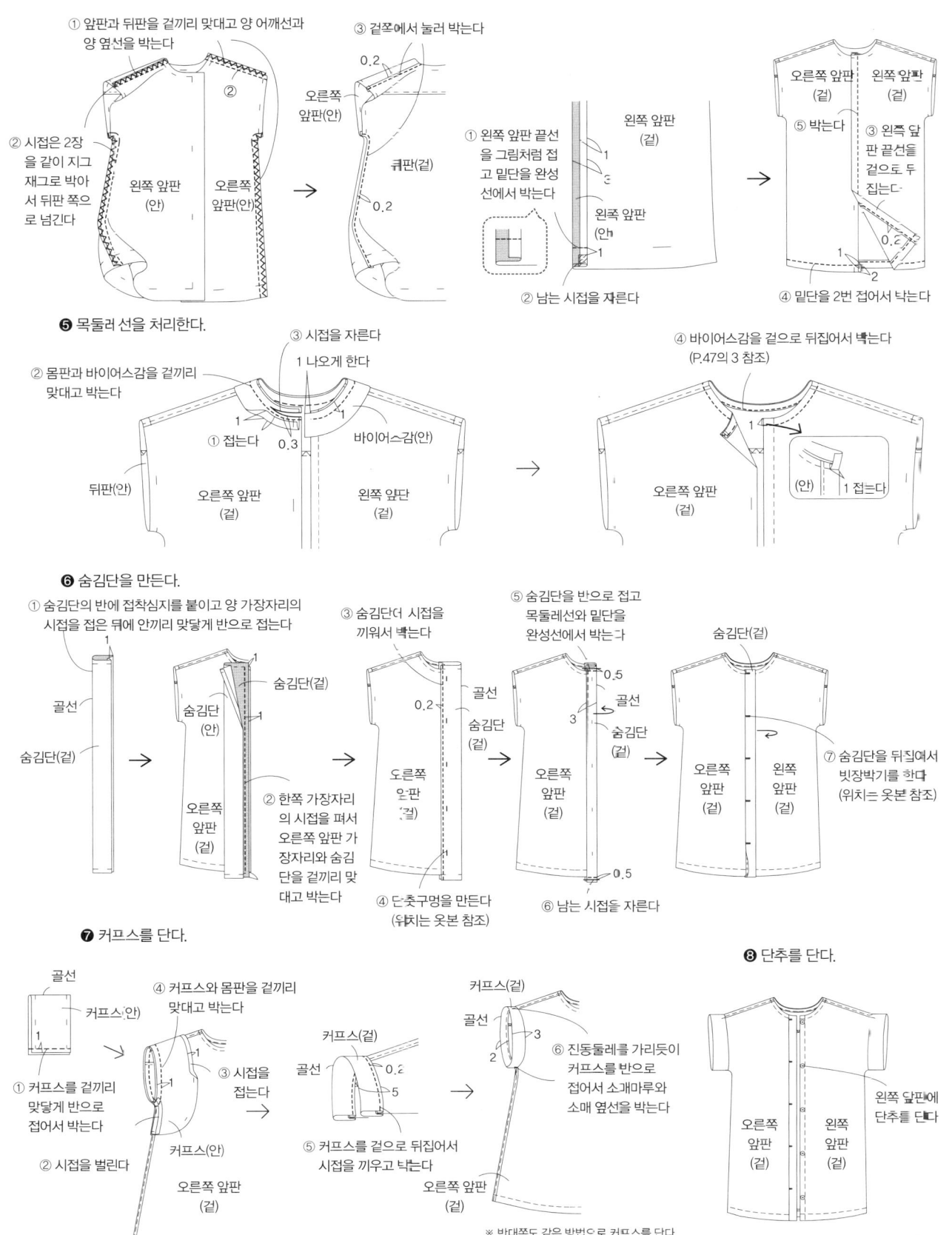

릴랙스 원피스

photo P.18

완성 치수(S / M / L / LL)
가슴둘레 118 / 122 / 126 / 130cm
전체 길이 99.5 / 100.5 / 102.5 / 103cm

재료(공통)
- 거즈 쭈리 110㎝ 폭 x 220cm
- 줄무늬 면 50 x 50cm
- 접착심지 90 x30cm
- 지름 2cm 단추 1개
- 0.5cm 폭 납작 고무줄 75cm(허리 치수에 맞춰서 조절)

실물 크기 옷본 4면 [17]
1-앞판, 2-앞판 2, 3-앞쪽 안단
4-뒤판, 5-뒤판 2, 6-뒤쪽 안단

알맞은 옷감
평직 니트, 쭈리, 후라이스, 자카드 니트

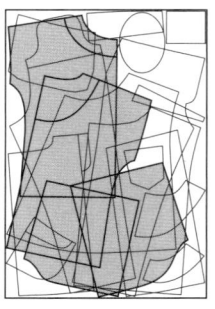

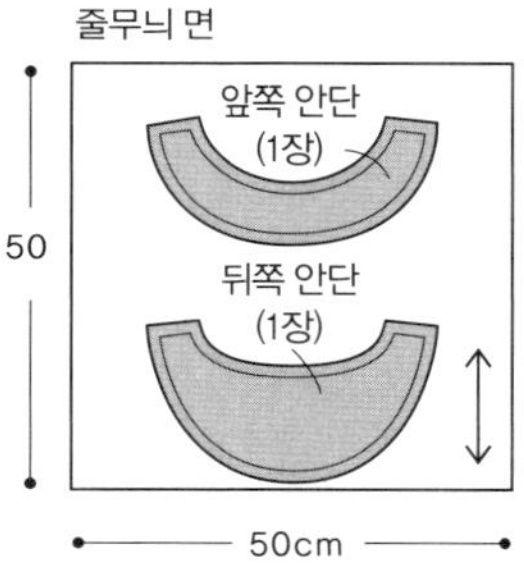

| 만드는 순서 |

❶ 마름질하는 법을 참조하여 옷감을 마른다. 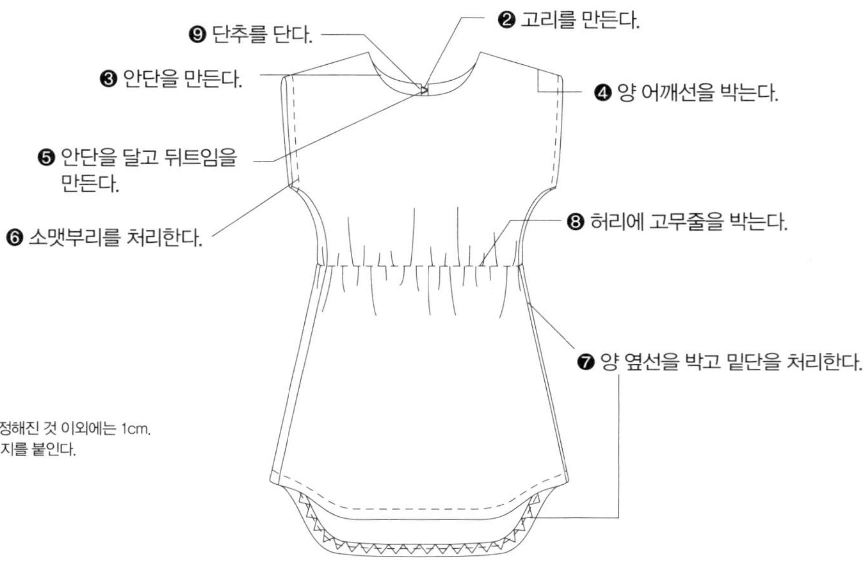
❷ 고리를 만든다. 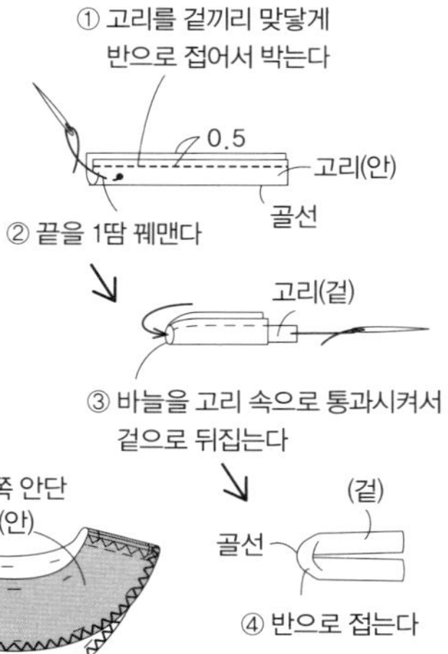
❸ 안단을 만든다.
❹ 양 어깨선을 박는다.
❺ 안단을 달고 뒤트임을 만든다.
❻ 소맷부리를 처리한다.
❼ 양 옆선을 박고 밑단을 처리한다.
❽ 허리에 고무줄을 박는다.
❾ 단추를 단다.

| 옷감을 마름질하는 법 |

거즈 쭈리

골선
(2)
뒤판(1장)
소매 옆선에만 시접을 넉넉하게 둔다
* 옷본을 이은 뒤에 사용한다
(1.5)
(2)
앞판(1장)
소매 옆선에만 시접을 넉넉하게 둔다
* 옷본을 이은 뒤에 사용한다
(1.5)
220
110cm폭

6 3 (0) 고리(1장)

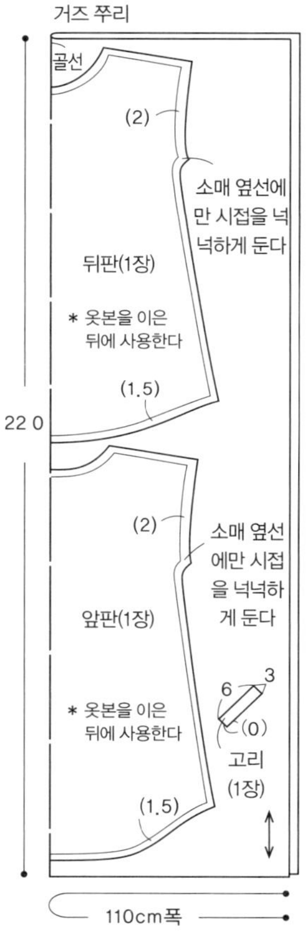

* ( ) 안은 시접. 정해진 것 이외에는 1cm.
* ▨ 에는 접착심지를 붙인다.

줄무늬 면
앞쪽 안단(1장)
뒤쪽 안단(1장)
50
50cm

❷ 고리를 만든다.
① 고리를 겉끼리 맞닿게 반으로 접어서 박는다
0.5 고리(안) 골선
② 끝을 1땀 꿰맨다
③ 바늘을 고리 속으로 통과시켜서 겉으로 뒤집는다
고리(겉)
골선 (겉)
④ 반으로 접는다

❹ 양 어깨선을 박는다.
① 앞뒤 몸판을 겉끼리 맞대고 양 어깨선을 박는다
② 시접은 2장을 같이 지그재그로 박아서 뒤쪽 안단 쪽으로 넘긴다
앞판(안)
뒤판(겉)

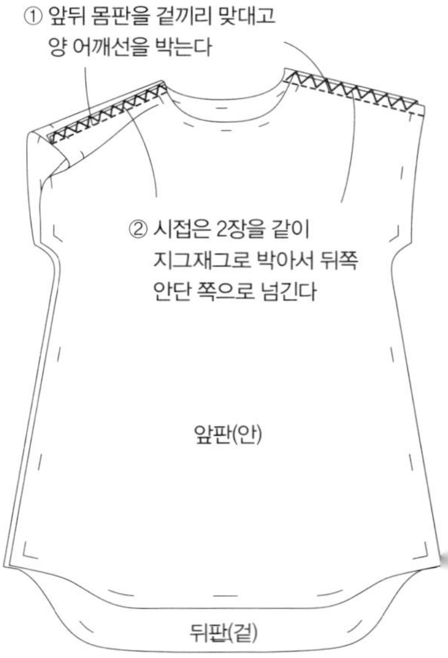

❸ 안단을 만든다.
① 앞쪽 안단과 뒤쪽 안단을 겉끼리 맞대고 양 어깨선을 박는다
뒤쪽 안단(겉)
앞쪽 안단(안)
② 시접은 2장을 같이 지그재그로 박아서 뒤쪽 안단 쪽으로 넘긴다

앞쪽 안단(안)
0.2
1
뒤쪽 안단(겉)
③ 가장자리를 지그재그로 박고 시접을 접어서 박는다

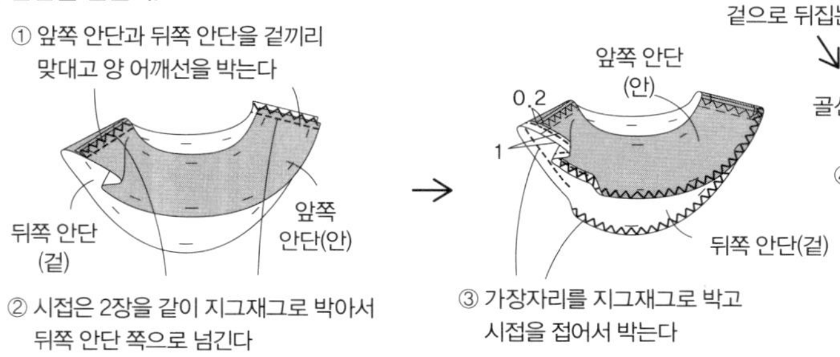

❺ 안단을 달고 뒤트임을 만든다.

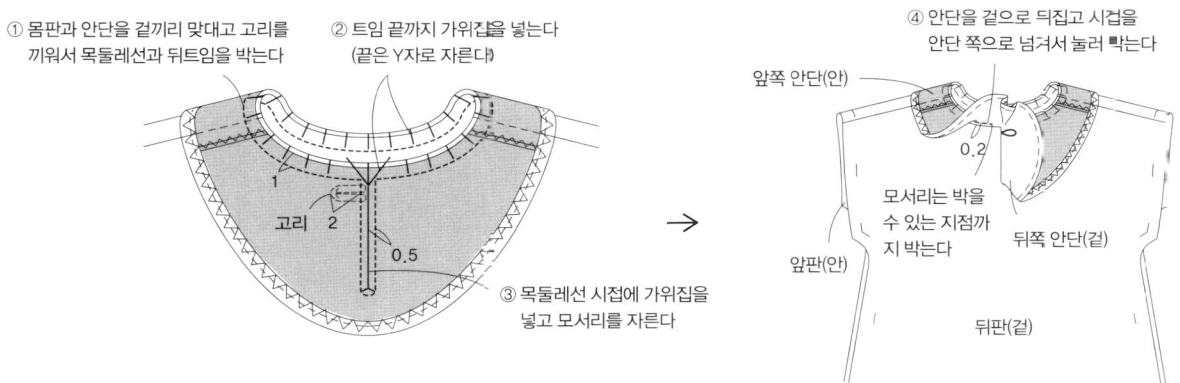

❻ 소맷부리를 처리한다.

❼ 양 옆선을 박고 밑단을 처리한다.

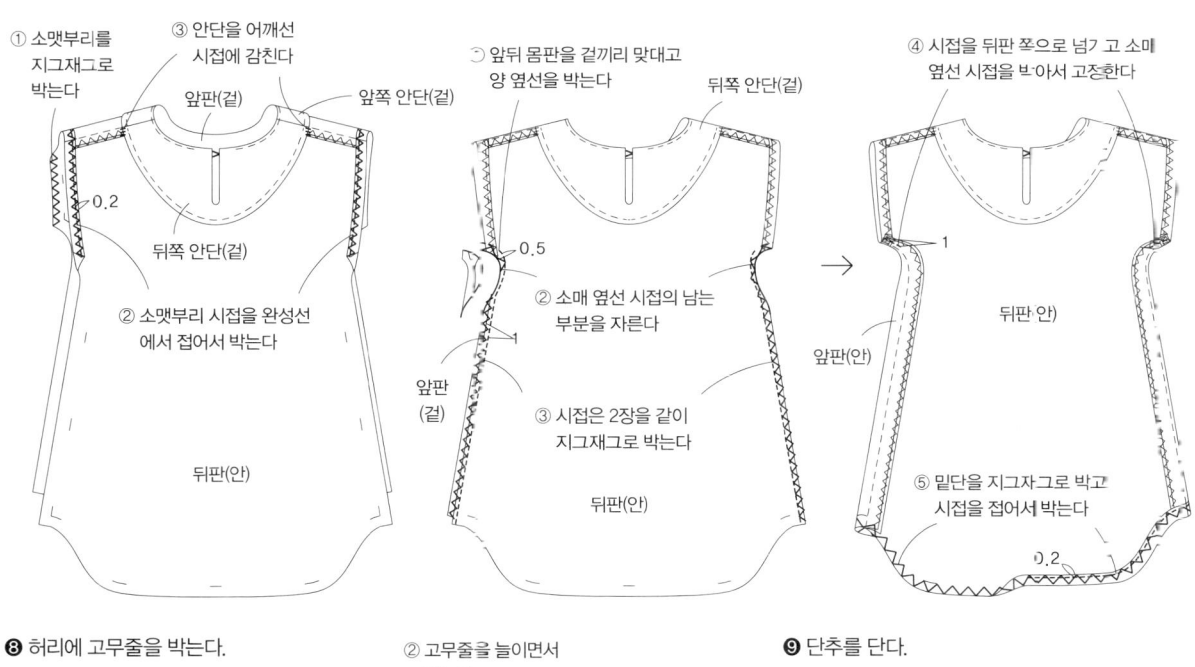

❽ 허리에 고무줄을 박는다.

❾ 단추를 단다.

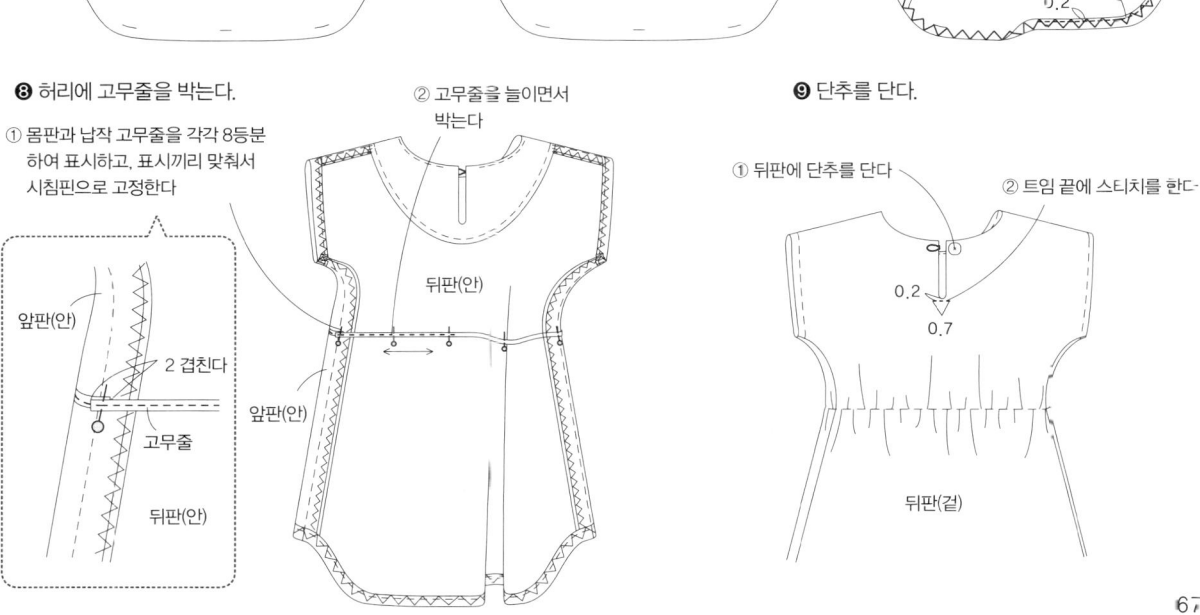

맥시스커트_어른용
미디스커트_아이용

photo P.20

완성 치수
어른용(S / M / L / LL)
치마 길이 82 / 83 / 85 / 86cm

아이용(80 / 90 / 100 / 110 / 120 / 130 / 140)
치마 길이 29 / 32 / 36 / 40 / 44 / 48 / 52cm

재료
어른용(S / M / L / LL)
- 벨기에 리넨 130㎝ 폭 x 220 / 220 / 230 / 230cm
- 2cm 폭 납작 고무줄 75cm(허리 치수에 맞춰서 조절)
- 접착심지 110㎝ 폭 x 10cm
- 1cm 폭 늘어남 방지 테이프 70

아이용(80 / 90 / 100 / 110 / 120 / 130 / 140)
- 리넨 가로줄무늬 아이보리(리넨야)
  130cm 폭 x 100 / 100 / 110 / 110 / 120 / 120 / 220cm
- 1.5cm 폭 납작 고무줄 50cm(허리 치수에 맞춰서 조절)
- 접착심지 90 x 10cm
- 1cm 폭 늘어남 방지 테이프 70cm
- 지름 2cm 단추 1개

(어른용) 실물 크기 옷본 1면 [A]
공통 주머니

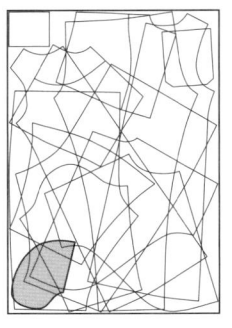

(아이용) 실물 크기 옷본 3면 [a]
공통 주머니

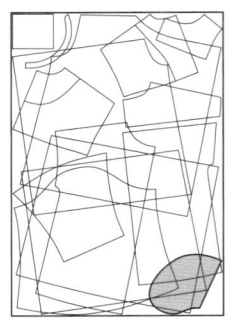

알맞은 옷감
론, 시어서커, 도비, 얇은 브로드클로스, 얇은 캔버스, 얇은 시팅

만드는 순서
❶ 마름질하는 법을 참조하여 옷감을 마른다.
❷ 옆선을 박는다.
❸ 주머니를 단다.
❹ 허릿단을 만든다.
❺ 허릿단을 단다.
❻ 밑단을 처리한다.
❼ 허리에 고무줄을 끼운다.

※ ❼ 이외의 만드는 법은 어른용과 같고 치수는 ( ) 안을 참조.

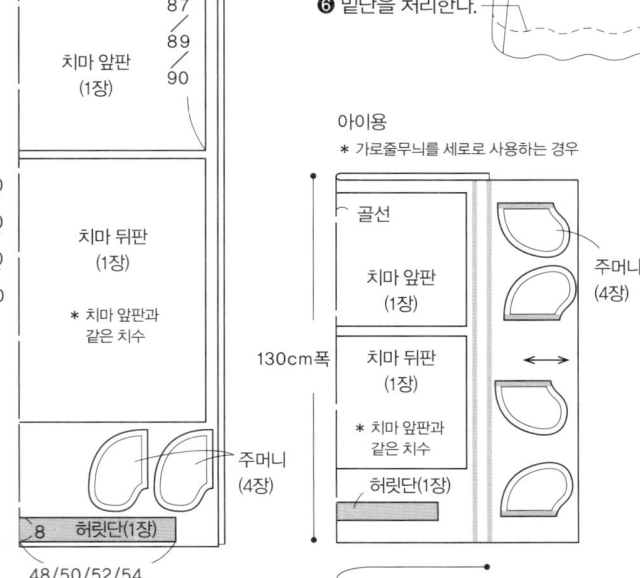

옷감을 마름질하는 법

어른용
- 59/61/63/65
- 골선
- 치마 앞판 (1장) 86/87/89/90
- 치마 뒤판 (1장) *치마 앞판과 같은 치수
- 220/220/230/230
- 주머니 (4장)
- 허릿단(1장) 8
- 48/50/52/54
- 130cm폭

아이용
*가로줄무늬를 세로로 사용하는 경우
- 골선
- 치마 앞판 (1장)
- 치마 뒤판 (1장) *치마 앞판과 같은 치수
- 허릿단(1장)
- 주머니 (4장)
- 130cm폭
- 100/100/110/120/120/130/220

아이용 치마 치수
73/77/81/85/93/101/109
28/35/42/49/55/61/67

아이용 허릿단 치수
54/58/62/66/72/78/84
6

* 왼쪽(위)에서부터 S / M / L / LL
  아이용 80/90/100/110/120/130/140
* 주머니 시접은 1cm. 그 이외에는 시접 없이 재단.
* ▨ 에는 늘어남 방지 테이프, 접착심지를 붙인다.

❷ 옆선을 박는다.

❸ 주머니를 단다.

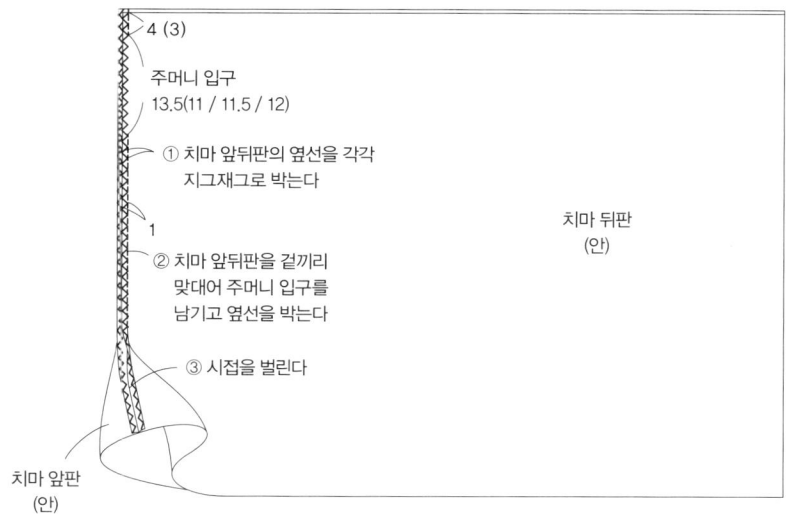

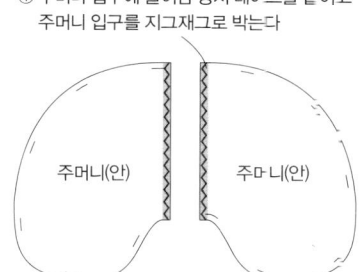

① 주머니 입구에 늘어남 방지 테이프를 붙이고 주머니 입구를 지그재그로 박는다

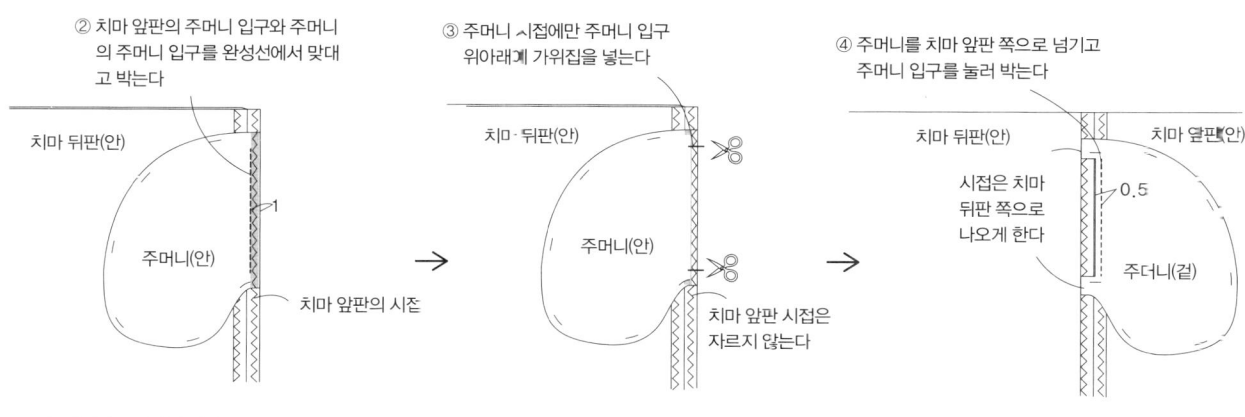

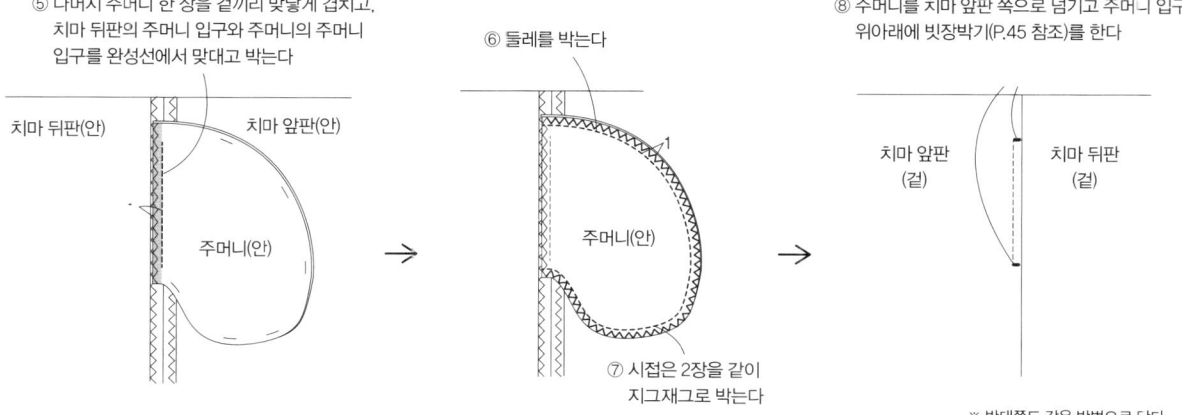

※ 반대쪽도 같은 방법으로 단다

❹ 허릿단을 만든다.

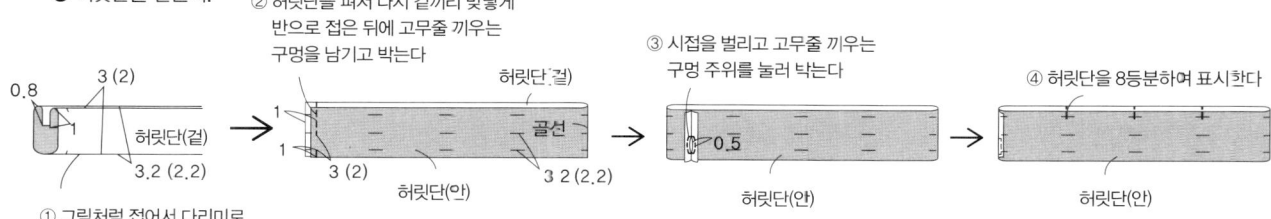

❺ 허릿단을 단다.

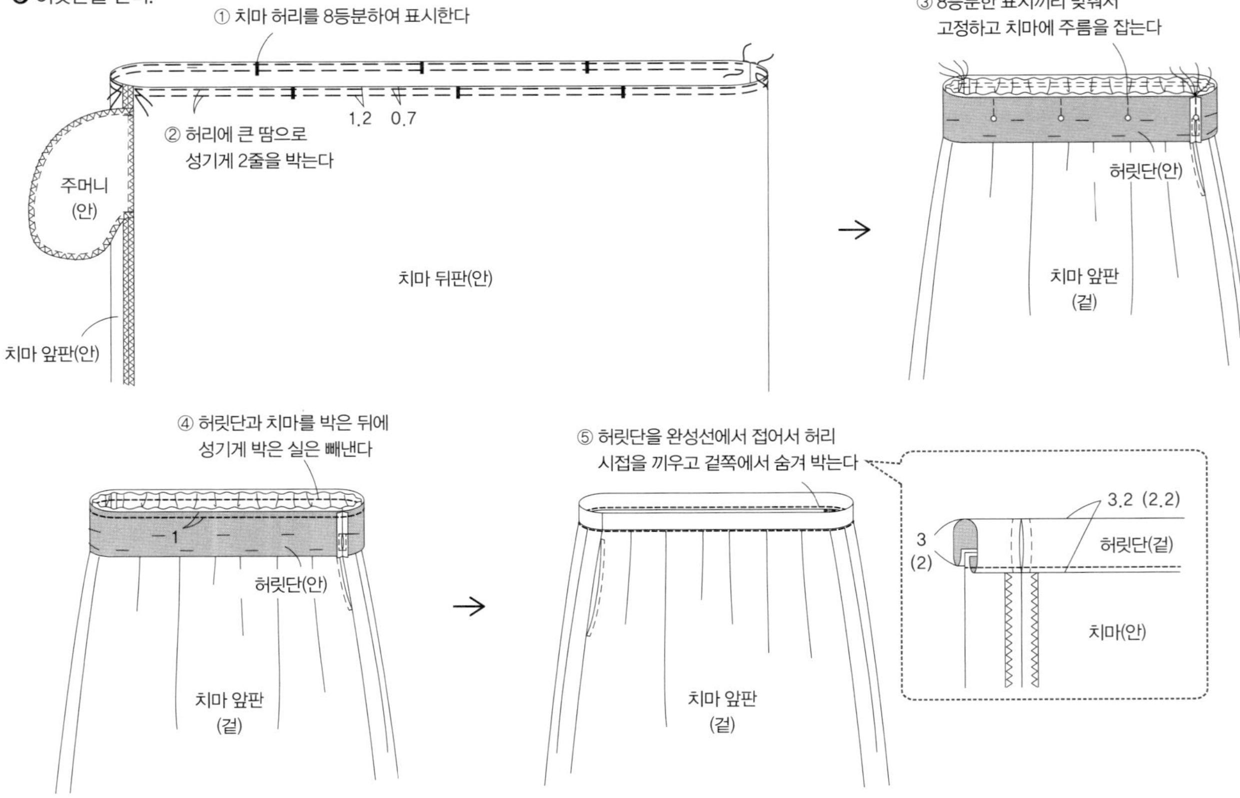

① 치마 허리를 8등분하여 표시한다

② 허리에 큰 땀으로 성기게 2줄을 박는다

1.2　0.7

주머니(안)

치마 뒤판(안)

치마 앞판(안)

③ 8등분한 표시끼리 맞춰서 고정하고 치마에 주름을 잡는다

허릿단(안)

치마 앞판(겉)

④ 허릿단과 치마를 박은 뒤에 성기게 박은 실은 빼낸다

-1

허릿단(안)

치마 앞판(겉)

⑤ 허릿단을 완성선에서 접어서 허리 시접을 끼우고 겉쪽에서 숨겨 박는다

치마 앞판(겉)

3.2 (2.2)
3 (2)

허릿단(겉)

치마(안)

❻ 밑단을 처리한다.

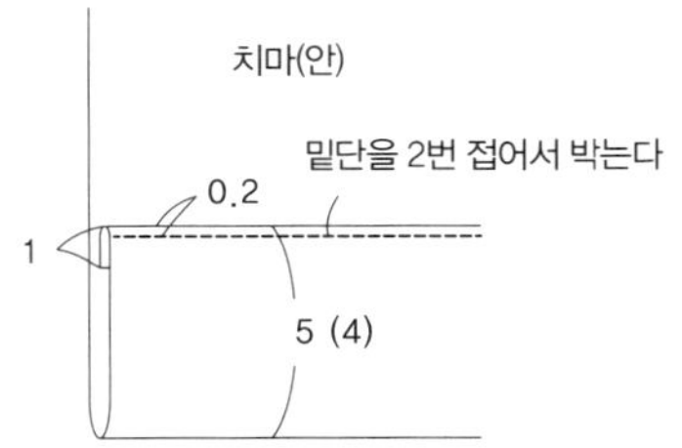

치마(안)

밑단을 2번 접어서 박는다

0.2
1
5 (4)

❼ 허리에 고무줄을 끼운다.

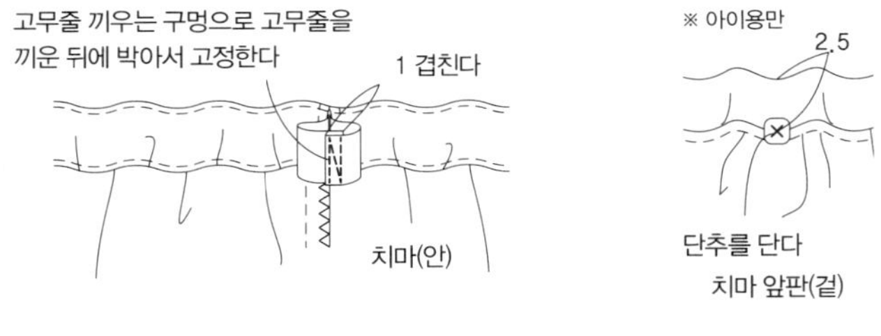

고무줄 끼우는 구멍으로 고무줄을 끼운 뒤에 박아서 고정한다

1 겹친다

치마(안)

※ 아이용만

2.5

단추를 단다
치마 앞판(겉)

| 옷감을 반듯하게 자르는 요령 |

얇은 론, 시팅 등은 손으로 찢으면 반듯하게 자를 수 있습니다.
어느 정도 올이 촘촘한 옷감은 깔끔하게 찢어지지만, 옷감의 두께, 올이 성긴 정도에 따라 올이 풀려 버리기도 하니 주의하세요.

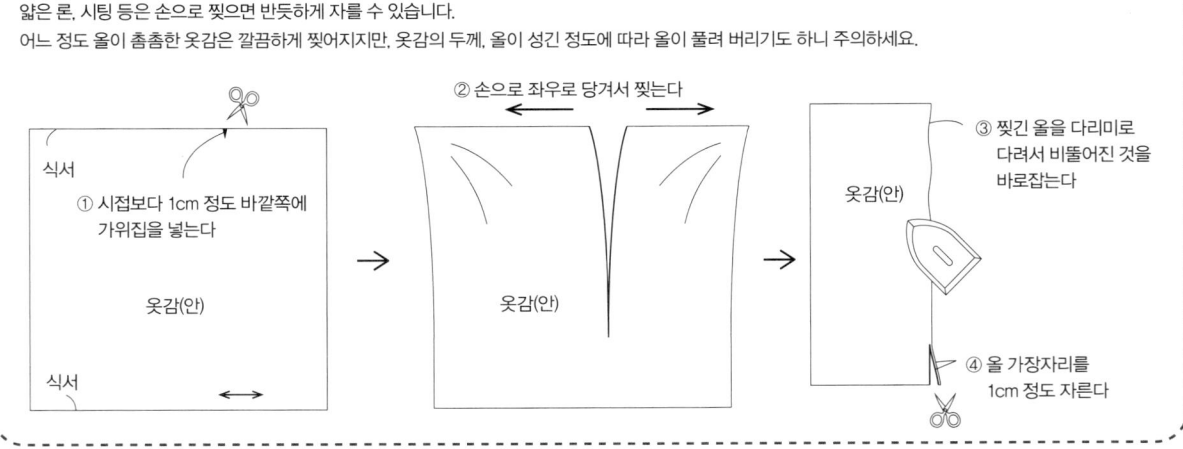

① 시접보다 1cm 정도 바깥쪽에 가위집을 넣는다

식서

옷감(안)

② 손으로 좌우로 당겨서 찢는다

옷감(안)

③ 찢긴 올을 다리미로 다려서 비뚤어진 것을 바로잡는다

옷감(안)

④ 올 가장자리를 1cm 정도 자른다

하늘색 리넨 풀오버 photo P.22
스트라이프 모직 풀오버 photo P.35

완성 치수
어른용(S / M / L / LL)
가슴둘레 158 / 160 / 164 / 166cm
전체 길이 54 / 55 / 57 / 58cm

아이용(80 / 90 / 100 / 110 / 120 / 130 / 140)
가슴둘레 76 / 88 / 98 / 110 / 120 / 130 / 140cm
전체 길이 30 / 33 / 36 / 39 / 42 / 45 / 48cm

재료
어른용(S / M / L / LL)
- 리넨 덩거리 밝은 회청색(리넨야)
  150cm 폭 x 130 / 130 / 140 / 140cm

아이용(80 / 90 / 100 / 110 / 120 / 130 / 140)
- 니트 옷감
  150cm 폭 x 75 / 80 / 85 / 90 / 95 / 100 / 110cm
- 민무늬 면 40 x 40cm
- 지름 1cm 단추 1개
- 접착심지 10 x 20cm

실물 크기 옷본 2면
[9] 어른용
1-목둘레, 2-소매

[10] 아이용
1-목둘레, 2-소매, 3-안단

※ 몸판은 72페이지를 참조하여 직선으로 그려서 사용하세요.

알맞은 옷감
얇은 두께~중간 두께 리넨이나 코튼리넨, 얇은 두께~중간 두께 모, 쭈리, 자카드 니트, 평직 니트

P.33 작품
어른용(S / M / L / LL)
- 리넨울 가르줄무늬
  150cm 폭 x 130 / 130 / 140 / 140cm

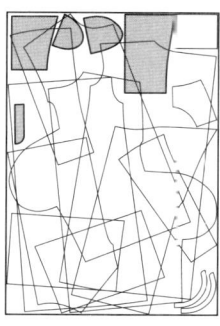

| 만드는 순서 |
❶ 마름질하는 법을 참조하여 옷감을 마른다.
❷ 목둘레선을 처리한다.(P.49의 3 참조)
❸ 소매를 박는다.
❹ 소매 옆선과 몸판 옆선을 박는다.
❺ 트임 부분~밑단을 처리한다.
❻ 단추를 단다.

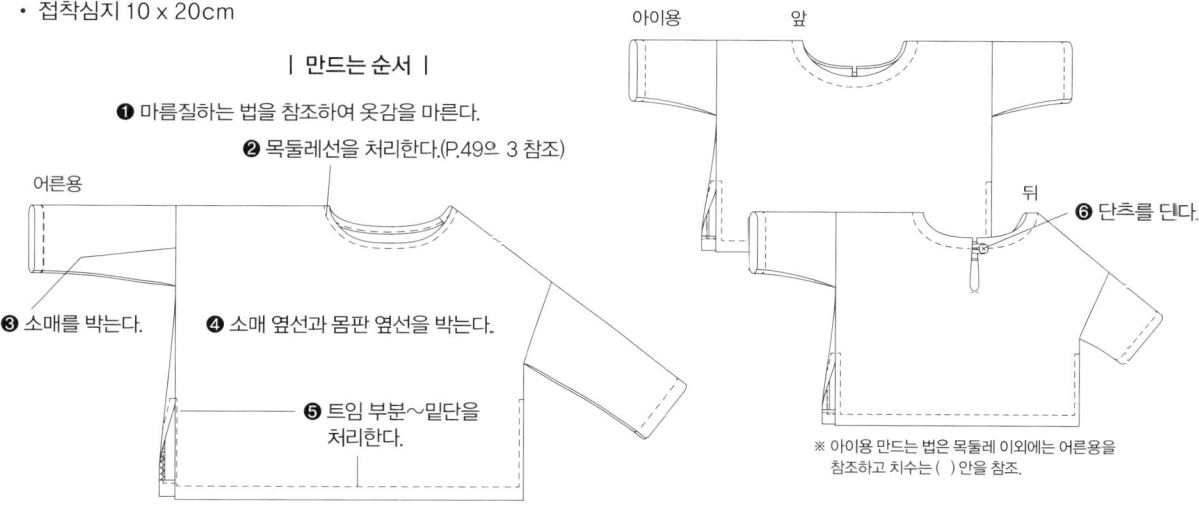

※ 아이용 만드는 법은 목둘레 이외에는 어른용을 참조하고 치수는 ( )안을 참조.

| 옷감을 마름질하는 법 |

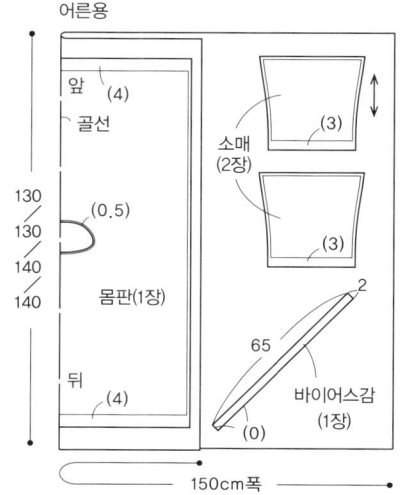
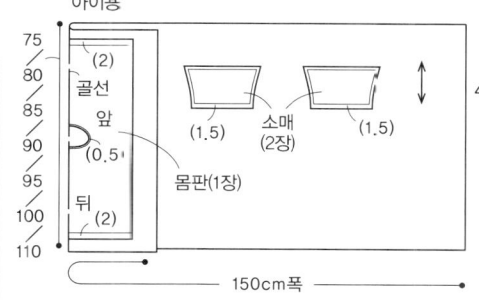

* 왼쪽(위)에서부터 S / M / L / LL
  80 / 90 / 100 / 110 / 120 / 130 / 140
* ( ) 안은 시접. 정해진 것 이외에는 1cm
* ▨ 에는 접착심지를 붙인다.

| 접착심지를 깔끔하게 붙이는 요령 |

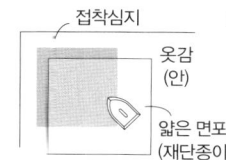

① 옷감을 마르기 전에 옷본보다 넉넉한 크기로 접착심지를 잘라서 천 위에 놓고, 얇은 면포(또는 재단종이)를 위에 대고 다려서 옷감에 접착심지를 붙인다

② 옷본을 놓고 옷감을 마른다

※ 몸판 치수는 P.72 참조.

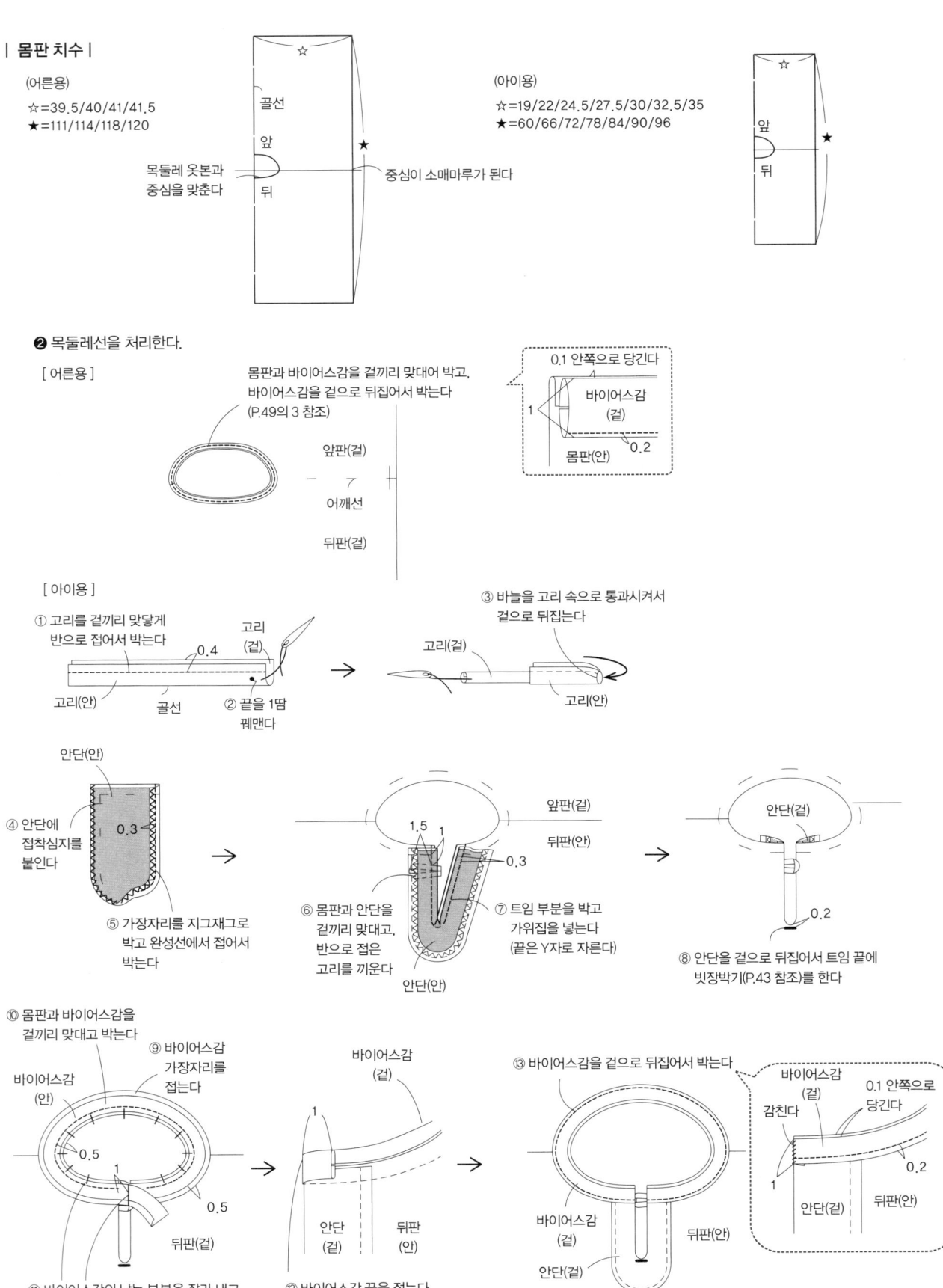

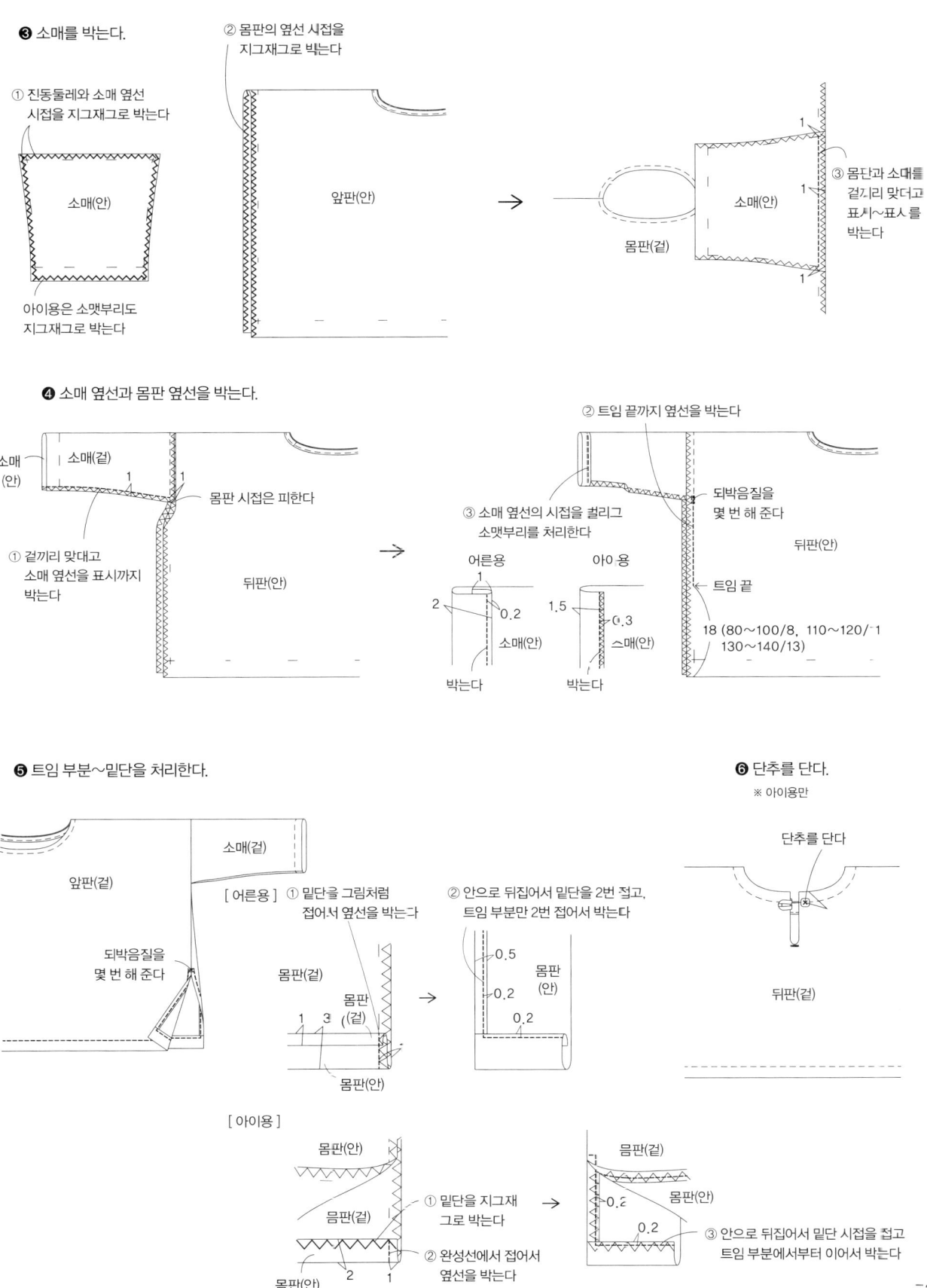

보트넥 티셔츠

photo P.24

완성 치수(S / M / L / LL)
가슴둘레 101 / 104 / 109 / 113cm
전체 길이 58 / 59 / 61 / 62cm

재료(공통)
- 평직 니트 가로줄무늬
  75cm 폭 x 210 / 220 / 230 / 230cm

실물 크기 옷본 2면 [11]
1-앞판, 2-뒤판, 3-소매

알맞은 옷감
쭈리, 평직 니트, 자카드 니트

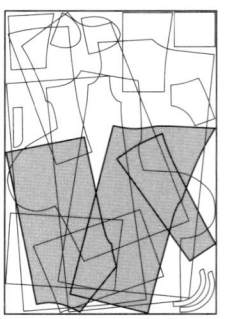

| 옷감을 마름질하는 법 |

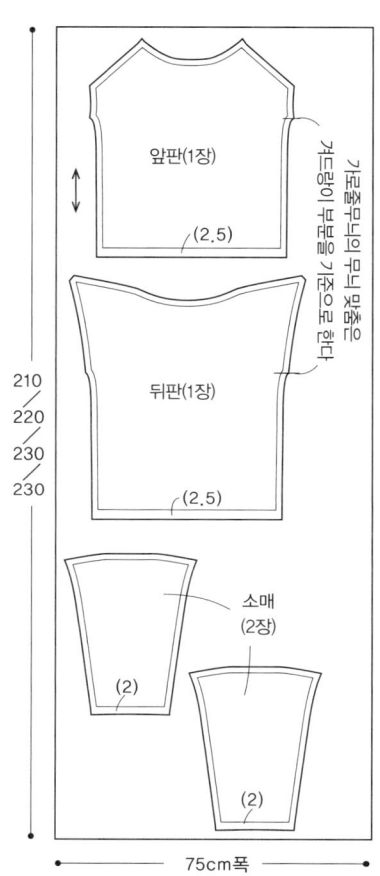

* 왼쪽(위)에서부터 S / M / L / LL
* ( ) 안은 시접. 정해진 것 이외에는 1.5cm

| 만드는 순서 |

❶ 마름질하는 법을 참조하여 옷감을 마른다.
❷ 각 부분을 지그재그로 박는다.

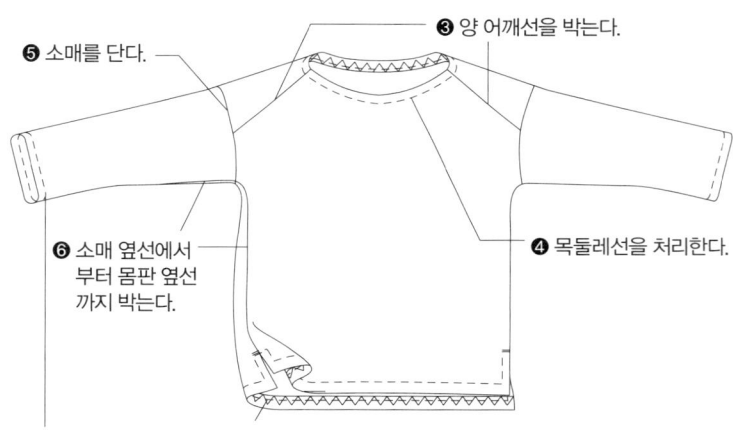

❸ 양 어깨선을 박는다.
❹ 목둘레선을 처리한다.
❺ 소매를 단다.
❻ 소매 옆선에서부터 몸판 옆선까지 박는다.
❼ 소맷부리와 밑단을 처리한다.

❷ 각 부분을 지그재그로 박는다.

〈앞판〉
목둘레선, 양 어깨선, 밑단을 지그재그로 박는다

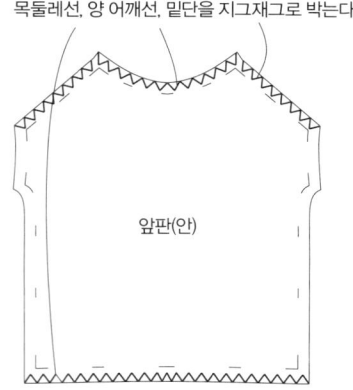

〈뒤판〉
목둘레선~양 어깨선, 밑단을 지그재그로 박는다

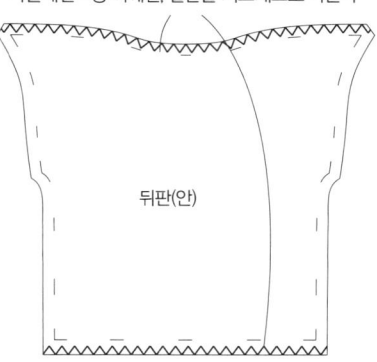

〈소매〉

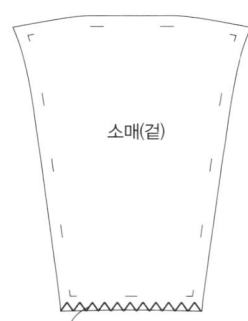

소맷부리를 지그재그로 박는다

❸ 양 어깨선을 박는다.

❹ 목둘레선을 처리한다.

❺ 소매를 단다.

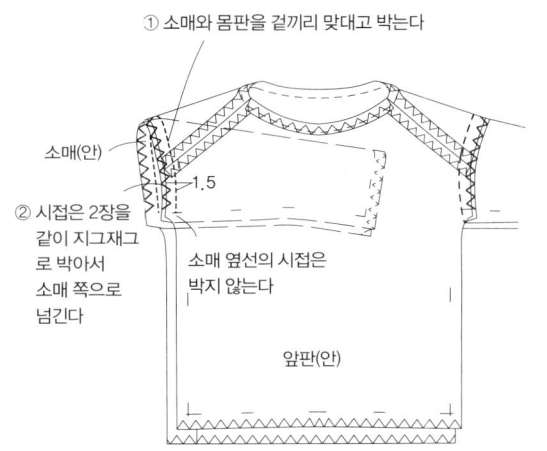

❻ 소매 옆선에서부터 몸판 옆선까지 박는다.

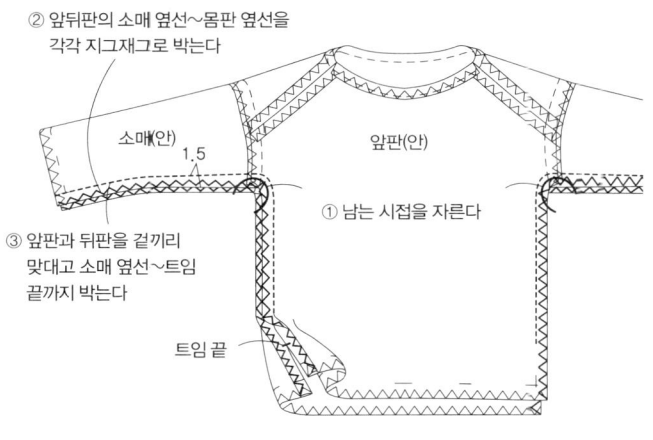

❼ 소맷부리와 밑단을 처리한다.

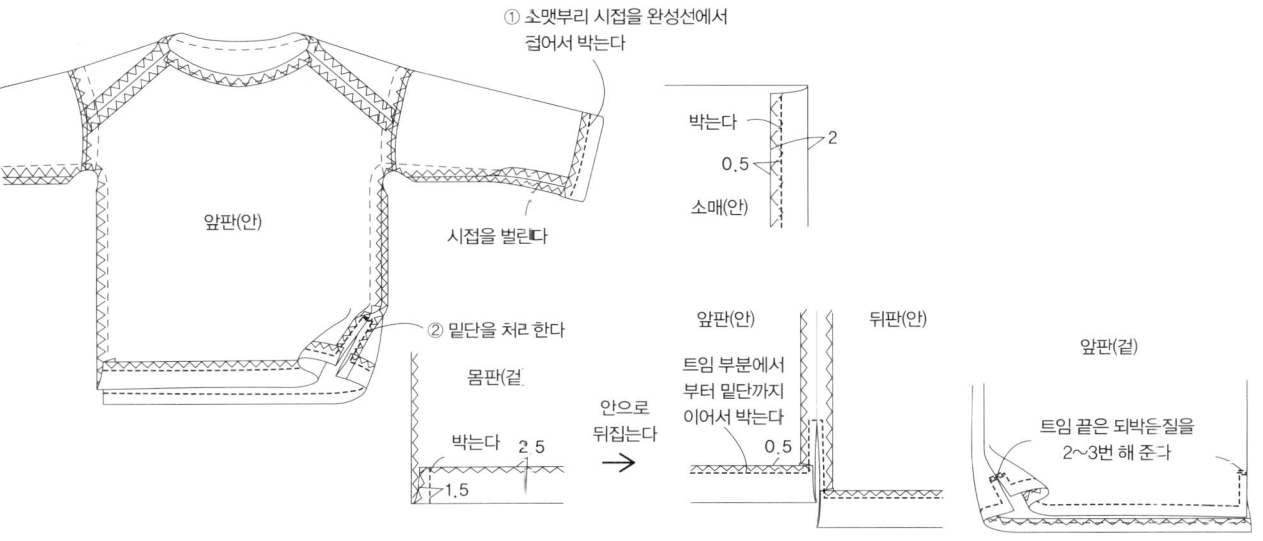

접박기 프렌치 블라우스

photo P.28

완성 치수(S / M / L / LL)
가슴둘레 142 / 146 / 150 / 158cm
전체 길이 64 / 64.5 / 65 / 65.5cm

재료(공통)
- 면 도비 110cm 폭 x 180cm
※ L, LL를 만들 때에는 150cm 폭 이상의 옷감을 사용하든가 옷감의 세로 방향을 가로 방향(폭)으로 사용한다.
- 지름 1.5cm 단추 1개
- 접착심지 90

실물 크기 옷본 4면 [18]
1-앞판, 2-앞쪽 안단,
3-뒤판, 4-뒤쪽 안단

알맞은 옷감
론, 시어서커, 얇은 캔버스, 얇은 브로드클로스

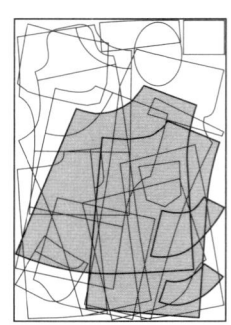

| 옷감을 마름질하는 법 |

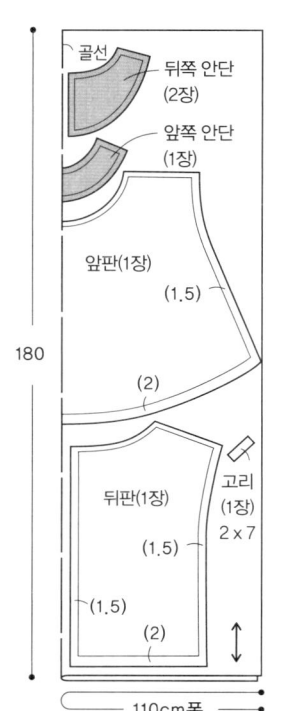

* (   ) 안은 시접. 정해진 것 이외에는 1cm.
* ▨에는 접착심지를 붙인다.

| 만드는 순서 |

❶ 마름질하는 법을 참조하여 옷감을 마른다.
❷ 접박기를 한다.
❸ 양 어깨선을 박는다.
❹ 안단과 고리를 만든다.
❺ 안단을 단다.
❻ 뒤판 중심선을 박는다.
❼ 양 옆선을 박고 진동둘레를 처리한다.
❽ 밑단을 처리한다.
❾ 단추를 단다.

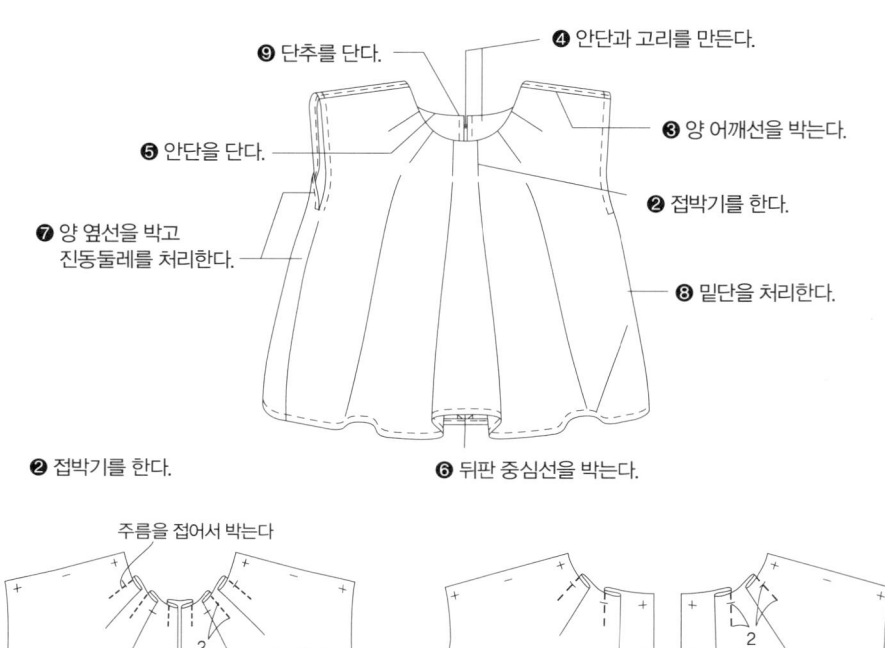

❷ 접박기를 한다.

❸ 양 어깨선을 박는다.

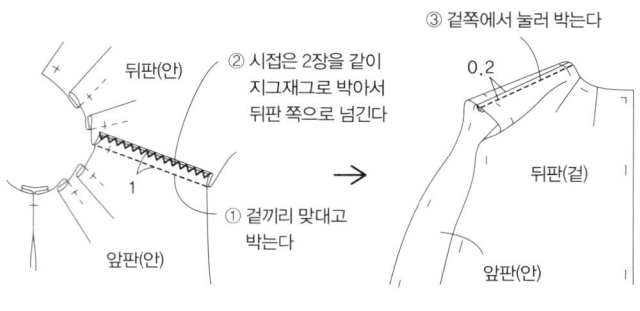

❹ 안단과 고리를 만든다.

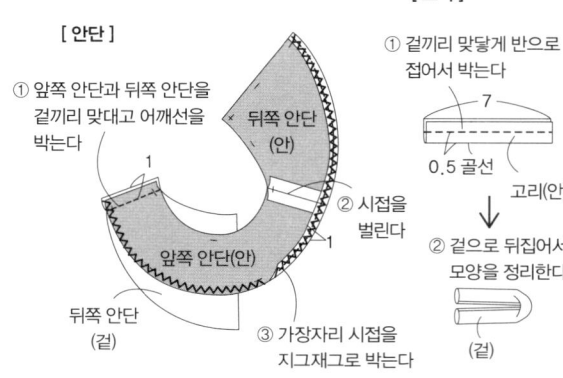

❺ 안단을 단다.

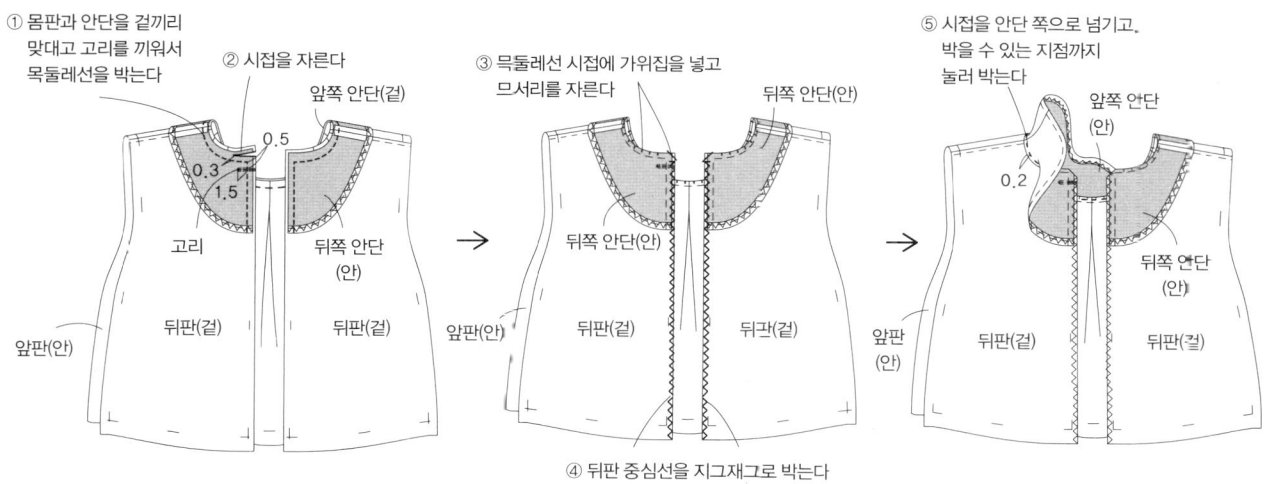

❻ 뒤판 중심선을 박는다.

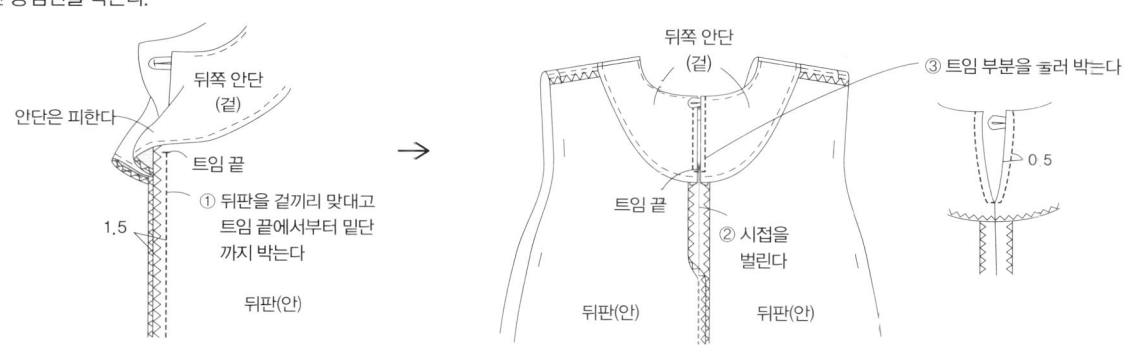

❼ 양 옆선을 박고 진동둘레를 처리한다.

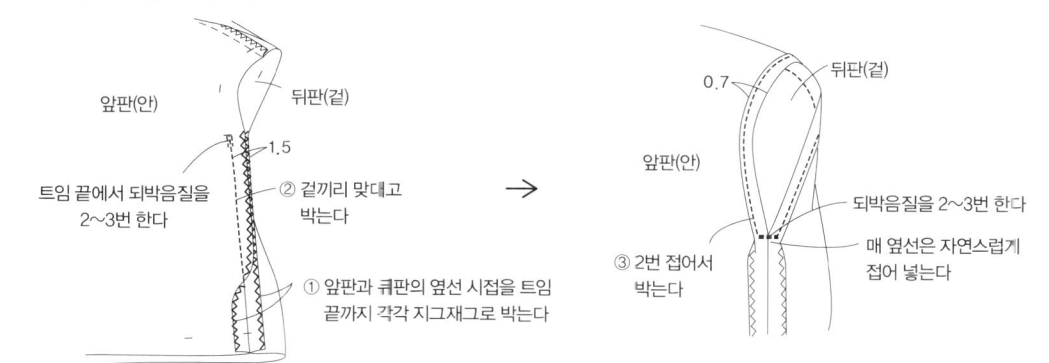

❽ 밑단을 처리한다.

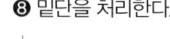
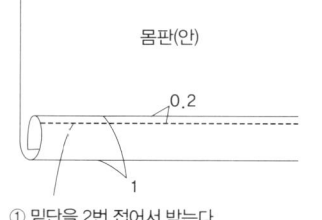

❾ 단추를 단다.

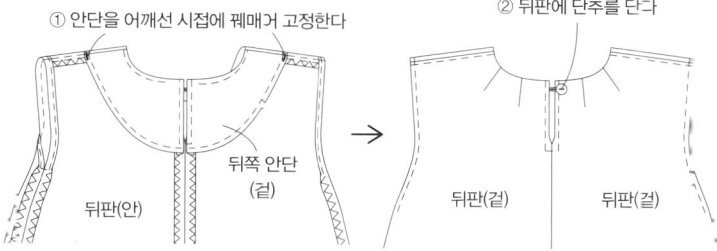

접박기 리넨 바지

photo P.28

완성 치수(S / M / L / LL)
바지 길이 85.5 / 89 / 90.5 / 91.5cm

재료(공통)
- 코튼리넨 10번 캔버스 아이보리(누노모요)
  110㎝ 폭 x 270cm
- 2cm 폭 납작 고무줄 75cm(허리 치수에 맞춰서 조절)
- 지름 1.5cm 단추 3개
- 1cm 폭 늘어남 방지 테이프 30cm

실물 크기 옷본 4면 [19]
1-바지 앞판, 2-뒤쪽 바대
3-바지 뒤판, 4-뒷주머니 밑판
5-앞주머니

알맞은 옷감
치노클로스, 타이프라이터클로스
얇은 두께~중간 두께 면
면마 캔버스, 리넨

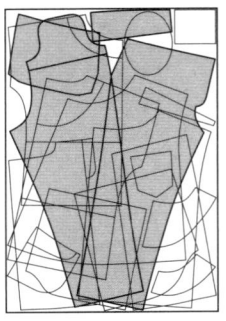

| 옷감을 마름질하는 법 |

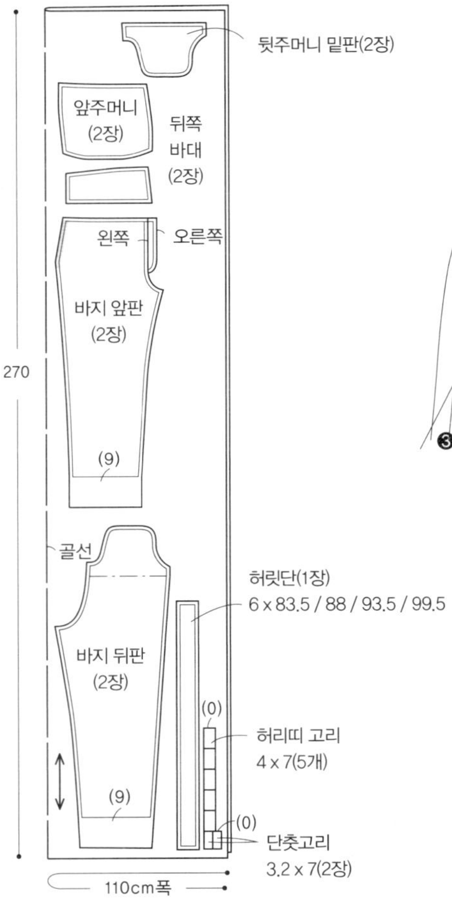

뒷주머니 밑판(2장)
앞주머니(2장)
뒤쪽 바대(2장)
왼쪽 / 오른쪽
바지 앞판(2장)
(9)
270
골선
바지 뒤판(2장)
(0)
(9)
(0)
110cm폭

허릿단(1장)
6 x 83.5 / 88 / 93.5 / 99.5

허리띠 고리
4 x 7(5개)

단춧고리
3.2 x 7(2장)

* 위에서부터 S / M / L / LL
* ( )안은 시접. 정해진 것 이외에는 1cm
* 바지 왼쪽 앞판은 앞쪽 안단 없음.
* ▨에는 접착심지를 붙인다.

| 만드는 순서 |

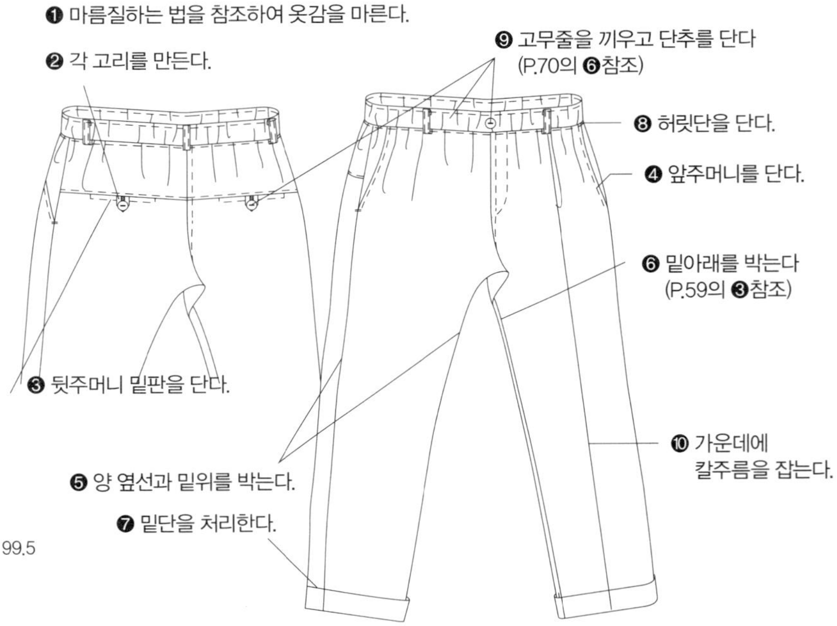

❶ 마름질하는 법을 참조하여 옷감을 마른다.
❷ 각 고리를 만든다.
❸ 뒷주머니 밑판을 단다.
❹ 앞주머니를 단다.
❺ 양 옆선과 밑위를 박는다.
❻ 밑아래를 박는다 (P.59의 ❸참조)
❼ 밑단을 처리한다.
❽ 허릿단을 단다.
❾ 고무줄을 끼우고 단추를 단다 (P.70의 ❻참조)
❿ 가운데에 칼주름을 잡는다.

❷ 각 고리를 만든다.

[단춧고리]
① 4겹이 되도록 접어서 박는다
0.8 / 0.2 / 0.5
(겉)
② 그림처럼 접어서 스티치를 한다
※ 2개 만든다

[허리띠 고리]
4겹이 되도록 접어서 박는다
1 / 0.2 / 0.2
(겉)
※ 5개 만든다

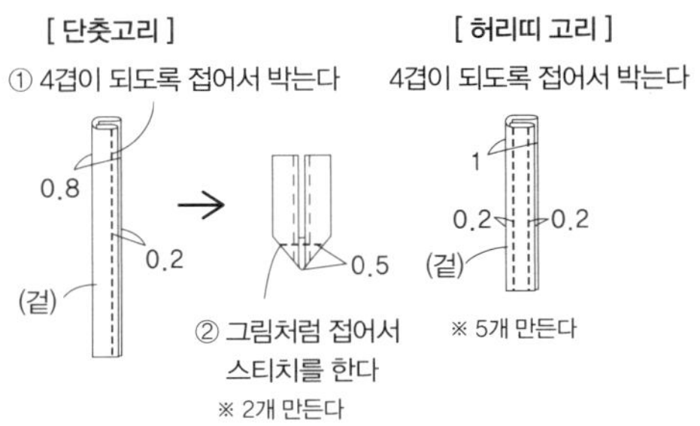

❸ 뒷주머니 밑판을 단다.

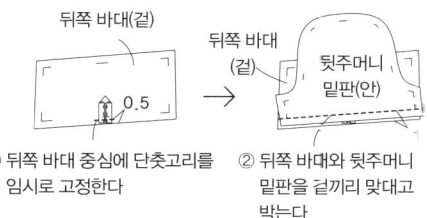
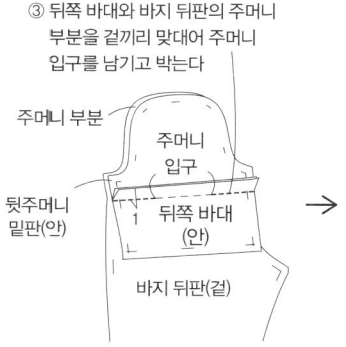

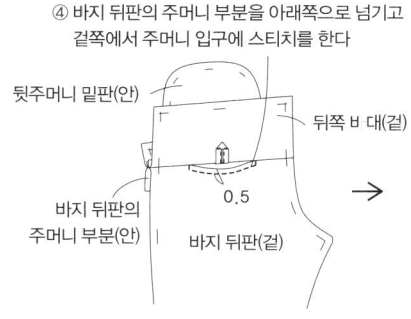
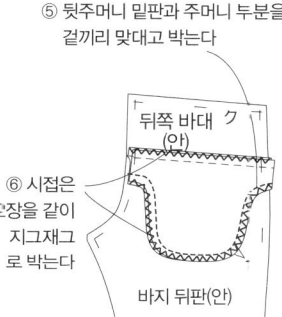
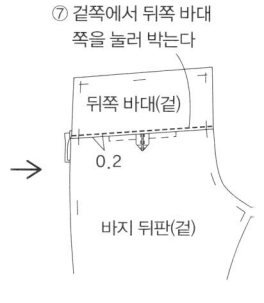

❹ 앞주머니를 단다.

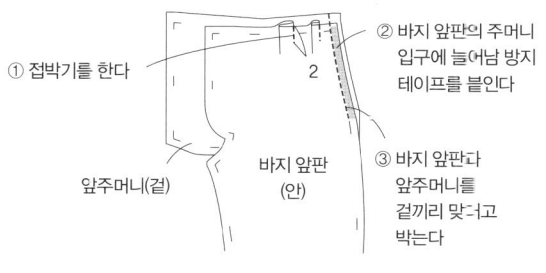
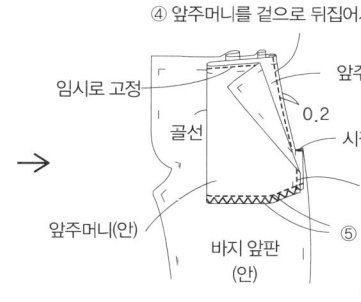

❺ 양 옆선과 밑위를 박는다.

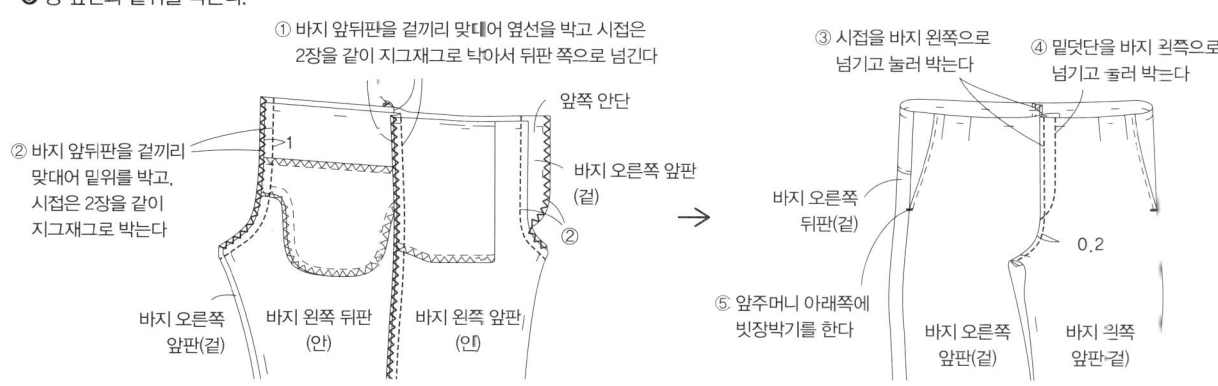

❻ 밑아래를 박는다.(P.59의 ❸참조)

❼ 밑단을 처리한다.

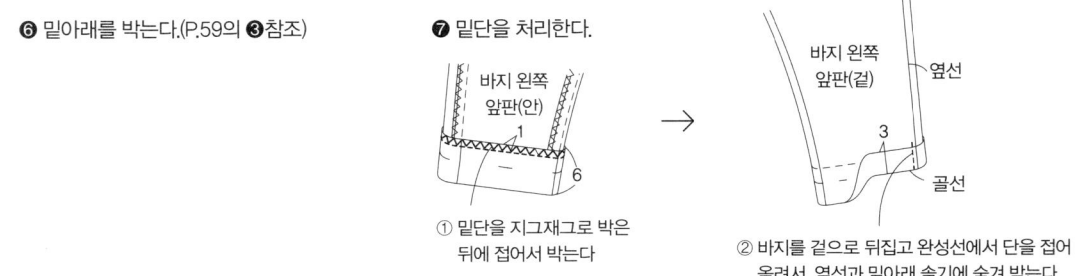

① 밑단을 지그재그로 박은 뒤에 접어서 박는다

② 바지를 겉으로 뒤집고 완성선에서 단을 접어 올려서, 옆선과 밑아래 솔기에 숨겨 박는다

❽ 허릿단을 단다.

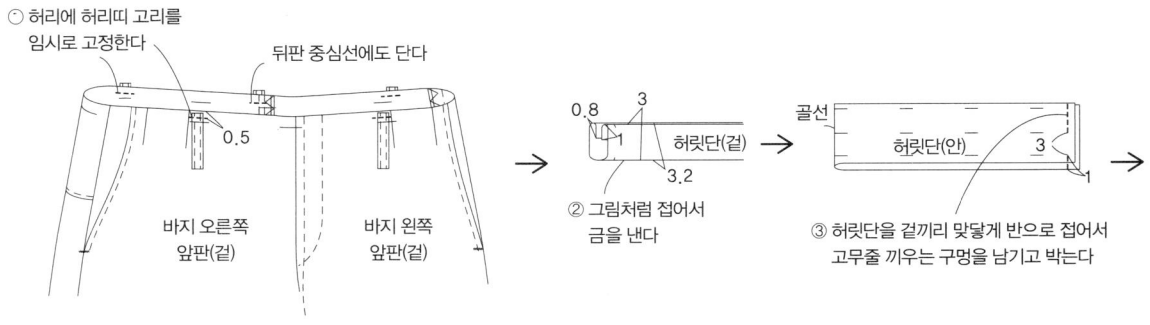

① 허리에 허리띠 고리를 임시로 고정한다
뒤판 중심선에도 단다

② 그림처럼 접어서 금을 낸다

③ 허릿단을 겉끼리 맞닿게 반으로 접어서 고무줄 끼우는 구멍을 남기고 박는다

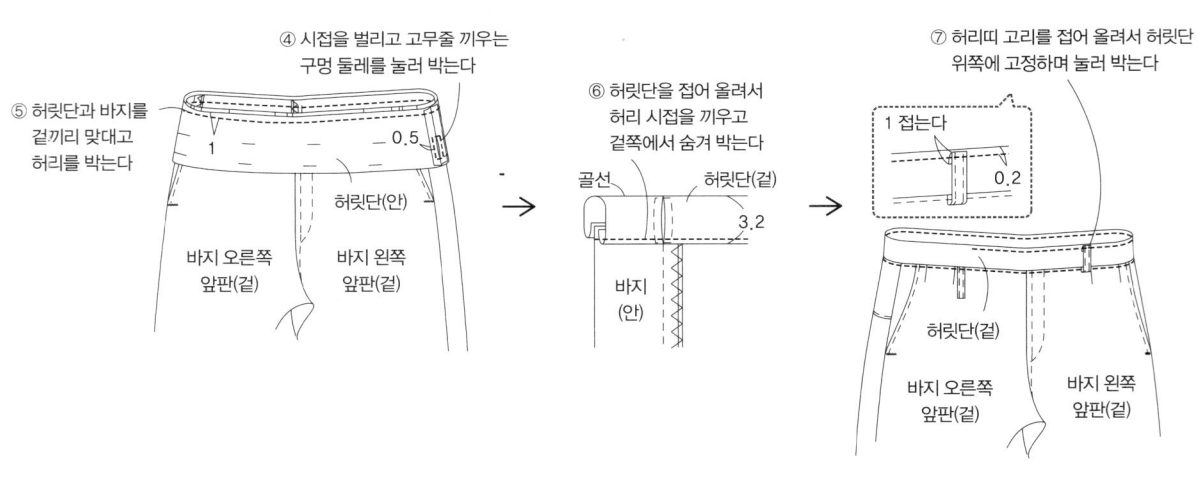

④ 시접을 벌리고 고무줄 끼우는 구멍 둘레를 눌러 박는다

⑤ 허릿단과 바지를 겉끼리 맞대고 허리를 박는다

⑥ 허릿단을 접어 올려서 허리 시접을 끼우고 겉쪽에서 숨겨 박는다

⑦ 허리띠 고리를 접어 올려서 허릿단 위쪽에 고정하며 눌러 박는다

❾ 고무줄을 끼우고 단추를 단다.
(P.70의 ❼참조)

멋스런 리넨 조끼

photo P.82

완성 치수
어른용(프리사이즈)
전체 길이 약 54cm

아이용(80~100 / 110~120 / 130~140)
전체 길이 약 33 / 39 / 47cm

재료
어른용
- 리넨 선염 보일 워셔차콜(누노모요)
  160cm폭 x 180cm

아이용(80~100 / 110~120 / 130~140)
- 리넨 선염 보일 워셔로즈(누노모요)
  160cm 폭 x 100 / 130 / 150cm

알맞은 옷감
리넨 싱글 거즈, 면 싱글 거즈, 모 거즈

| 만드는 순서 |

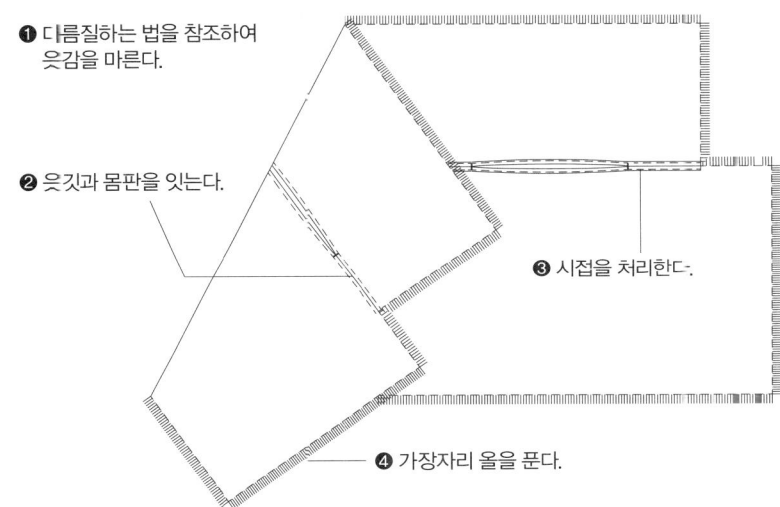

❶ 마름질하는 법을 참조하여 옷감을 마른다.
❷ 옷깃과 몸판을 잇는다.
❸ 시접을 처리한다.
❹ 가장자리 올을 푼다.

| 옷감을 마름질하는 법 |

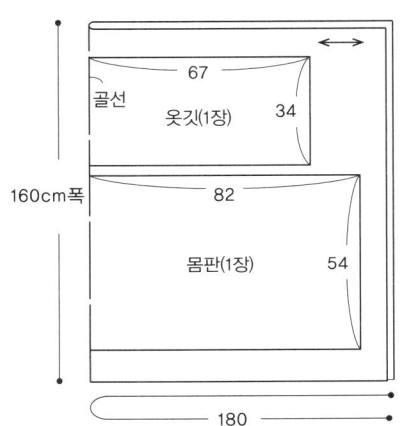

어른용

* 프리사이즈.
* 시접 없이 재단.

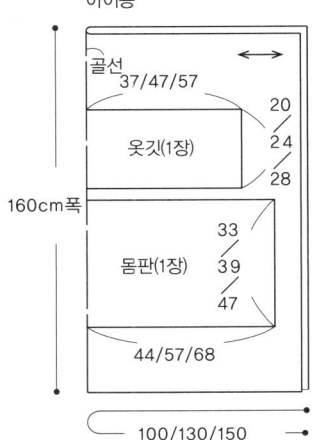

아이용

* 왼쪽(위)에서부터 80~100/110~120/130~140
* 시접 없이 재단.
* 만드는 법은 어른용과 같고 치수는 ( )안을 참조.

❶ 마름질하는 법을 참조하여 옷감을 마른다.
옷감을 반듯하게 자르는 요령은 P.70을 참조

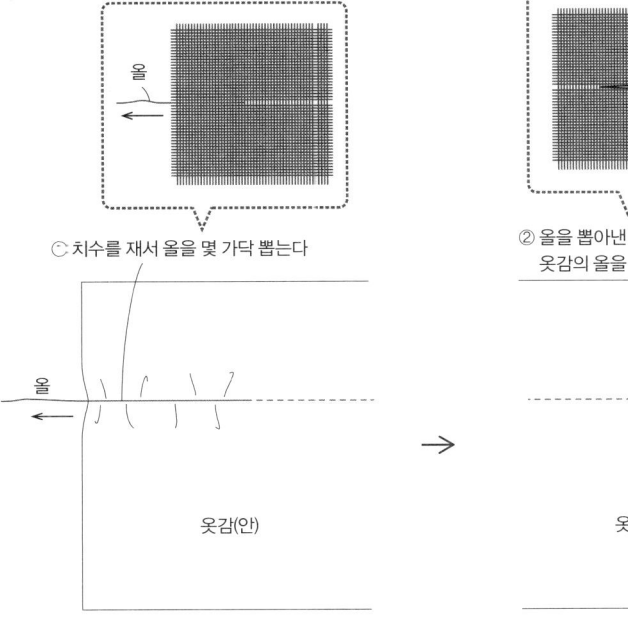

㉠ 치수를 재서 올을 몇 가닥 뽑는다
② 올을 뽑아낸 부분을 기준으로 삼고 옷감의 올을 따라서 자른다

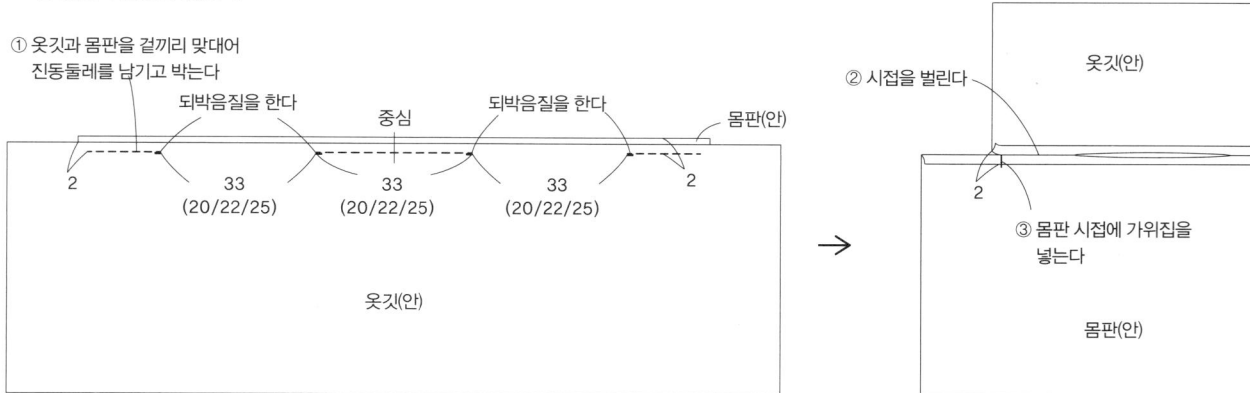

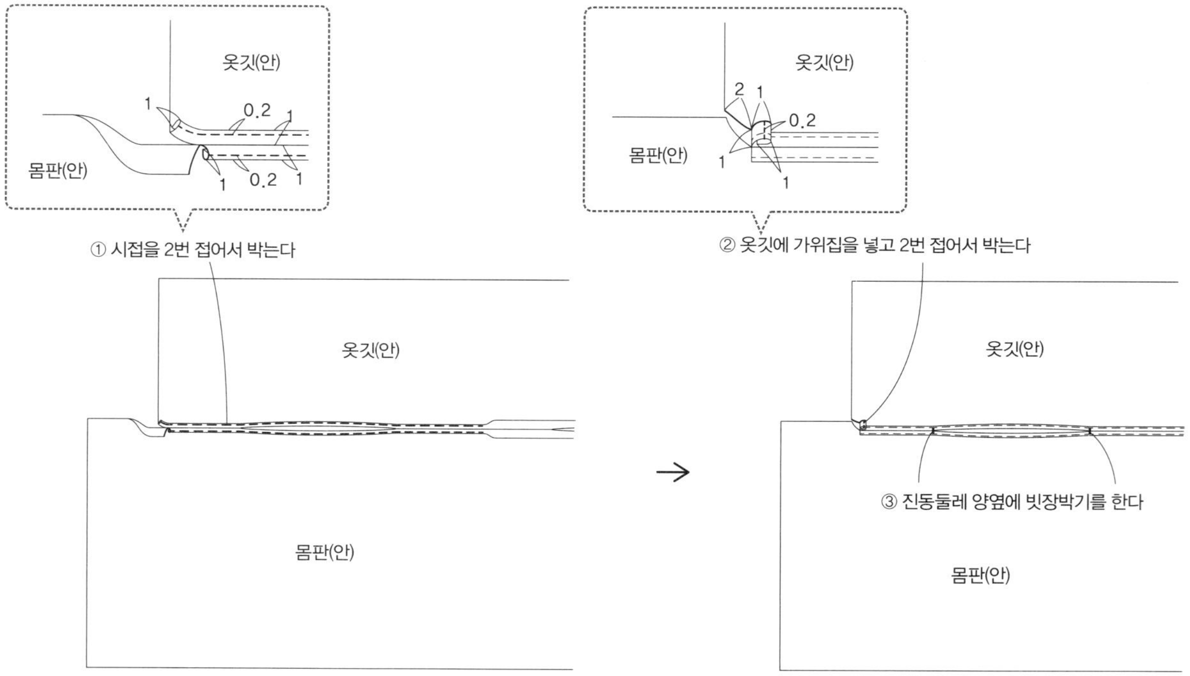

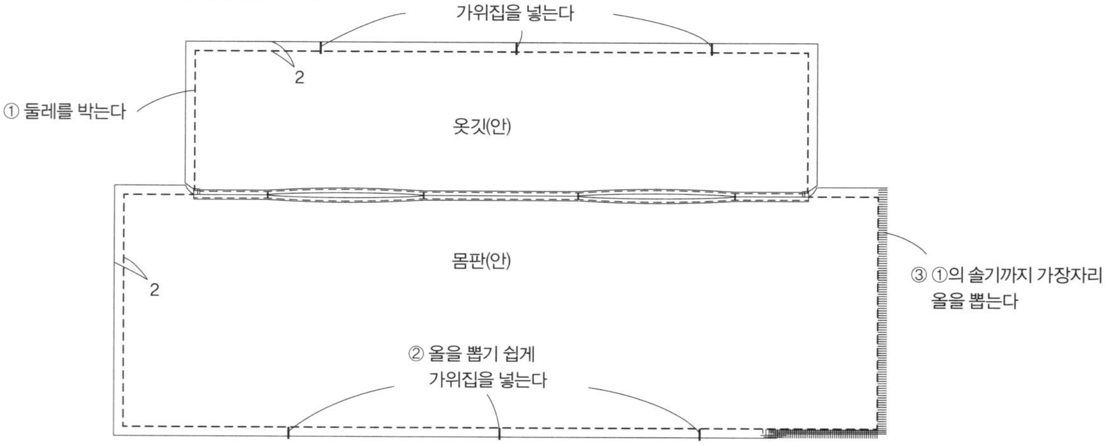

화이트 배기 바지 photo P.32
더없이 편한 배기 바지 photo P.37

완성 치수(S / M / L / LL)
바지 길이 71.5 / 72 / 73 / 73.5cm

재료(공통)
- PREMIERE LINEN 면마 샴브레이 오프화이트(나카쇼지)
  112cm 폭 x 180 / 185 / 190 / 200cm
- 2cm 폭 납작 고무줄 75cm (허리 치수에 맞춰서 조절)
- 접착심지 10 x 35cm

P.37 작품
재료(S / M / L / LL)
- 오리지널 리넨 트윌 나무딸기색(CHECK&STRIPE)
  150cm 폭 x 180 / 180 / 200 / 200cm
- 2cm 폭 납작 고무줄 75cm (허리 치수에 맞춰서 조절)
- 접착심지 10 x 35cm

실물 크기 옷본 1면 [6]
1-바지 앞판, 2-바지 뒤판, 3-주머니

알맞은 옷감
중간 두께 리넨, 트윌, 얇은 데님, 치노클로스

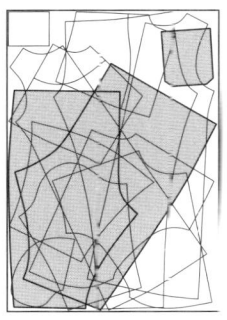

| 옷감을 마름질하는 법 |

| 만드는 순서 |

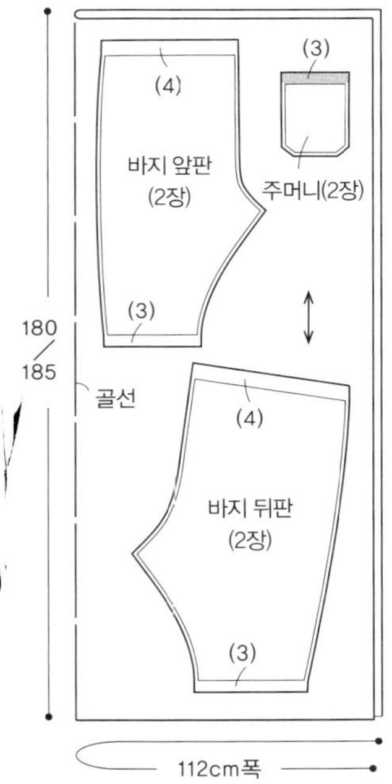

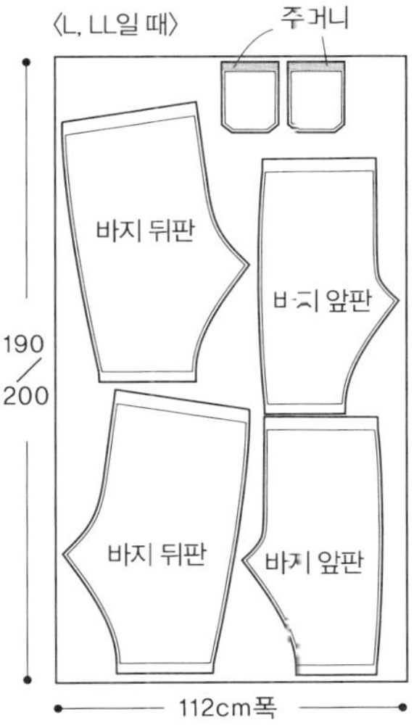

❶ 마름질하는 법을 참조하여 옷감을 마른다.
※ 바지 위아래에 표시를 해 두면 좋다.

❷ 주머니를 만든다.
❸ 옆선을 박고 주머니를 단다.
❹ 밑위를 박는다.
❺ 밑아래를 박는다.
❻ 끝단과 허리를 처리한다.
❼ 고무줄을 끼운다.(P.70의 ❼참조)

* 위에서부터 S / M / L / LL
* ( )안은 시접. 정해진 것 이외에는 1cm
* ▨에는 접착심지를 붙인다.

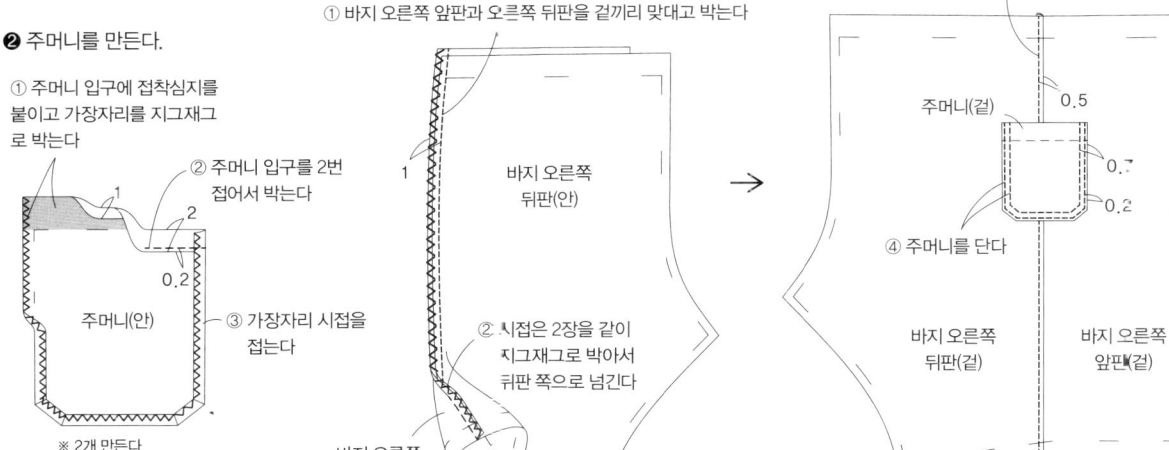

※ 바지 왼쪽도 같은 방법으로 박는다

❹ 밑위를 박는다.

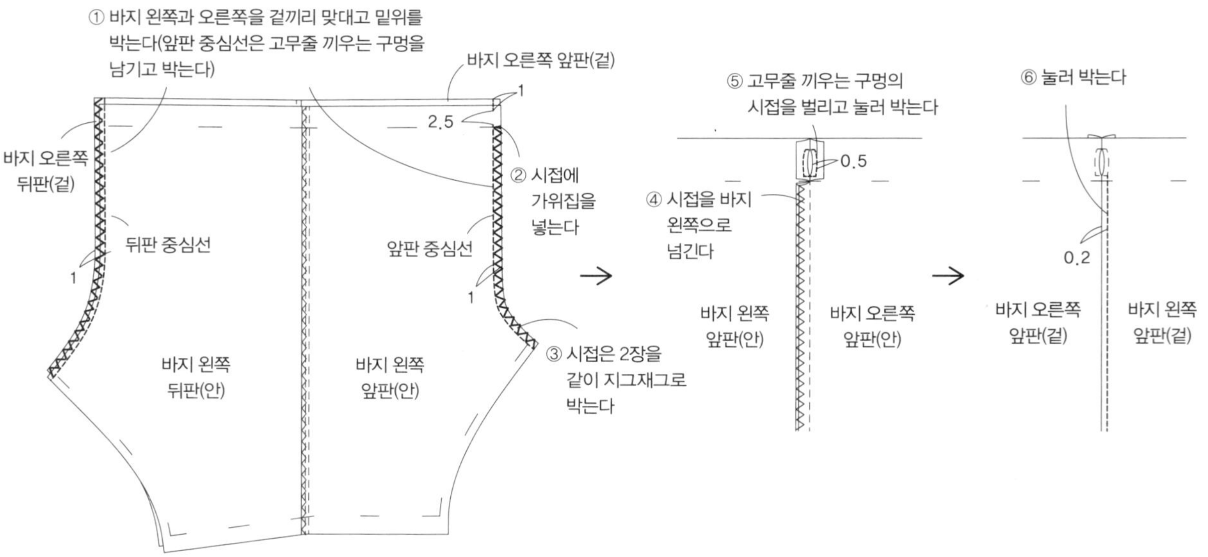

① 바지 왼쪽과 오른쪽을 겉끼리 맞대고 밑위를 박는다(앞판 중심선은 고무줄 끼우는 구멍을 남기고 박는다)
바지 오른쪽 앞판(겉)
1
2.5
② 시접에 가위집을 넣는다
바지 오른쪽 뒤판(겉)
뒤판 중심선
앞판 중심선
1
1
바지 왼쪽 뒤판(안)
바지 왼쪽 앞판(안)
③ 시접은 2장을 같이 지그재그로 박는다
⑤ 고무줄 끼우는 구멍의 시접을 벌리고 눌러 박는다
0.5
④ 시접을 바지 왼쪽으로 넘긴다
바지 왼쪽 앞판(안)
바지 오른쪽 앞판(안)
⑥ 눌러 박는다
0.2
바지 오른쪽 앞판(겉)
바지 왼쪽 앞판(겉)

❺ 밑아래를 박는다.

바지 뒤판(겉)
바지 앞판(안)
① 바지 앞뒤판을 겉끼리 맞대고 밑아래를 박는다
② 시접은 2장을 같이 지그재그로 박아서 뒤판 쪽으로 넘긴다

❻ 밑단과 허리를 처리한다.

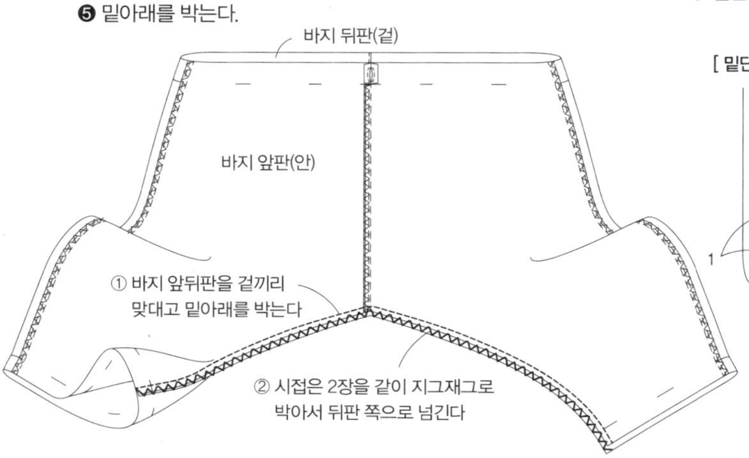

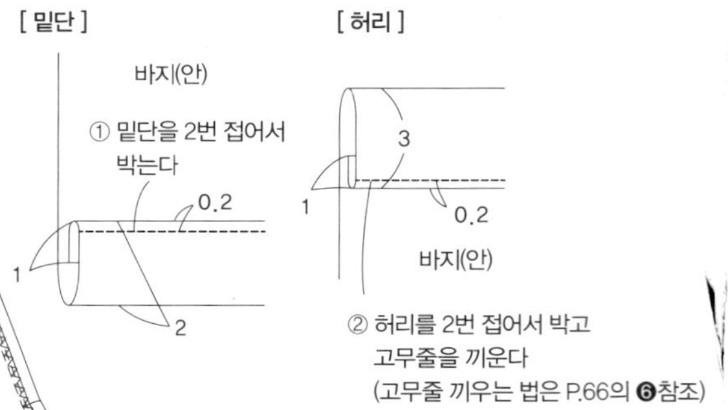

[밑단]
바지(안)
① 밑단을 2번 접어서 박는다
0.2
1
2
[허리]
3
1
0.2
바지(안)
② 허리를 2번 접어서 박고 고무줄을 끼운다 (고무줄 끼우는 법은 P.66의 ❻참조)

| 평직과 능직 |

평직으로 짠 옷감에는 브로드클로스, 캔버스, 론, 시팅 등이 있고 능직으로 짠 옷감에는 데님, 트윌, 서지 등이 있습니다.
각 직조법의 특성을 알아 두면 작품에 사용할 옷감을 고를 때에 도움이 됩니다.

〈평직〉
씨실과 날실을 한 올씩 교대로 엇갈려서 짜는 방법이며 옷감에 겉과 안이 없습니다.

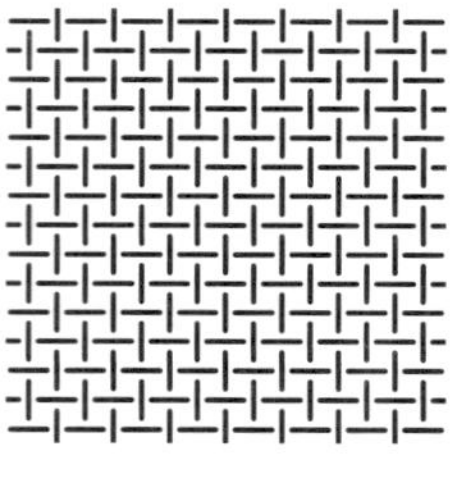

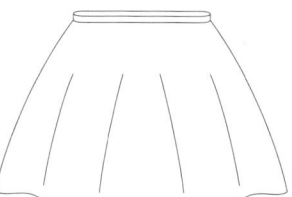

옷감이 빳빳하고 드레이프성(옷감이 모양 있게 늘어지는 특성-역주)이 좋지 않다.

〈능직〉
옷감의 발이 사선으로 나타나며 옷감에 겉과 안이 있습니다. 일반적으로는 '/'자가 나타나는 쪽이 겉이며, 안보다 광택이 있습니다. 안을 겉으로 해서 사용해도 좋습니다.

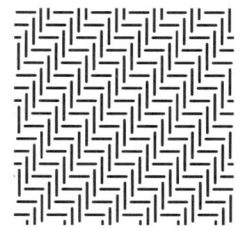

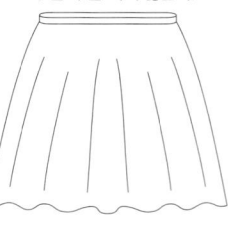

옷감에 유연성이 있고 드레이프성이 좋다. 주름이 잘 지지 않는다.